悩みを消す練習

こだわらない、気にしない、考え込まない禅の教え

枡野俊明

JN089706

リベラル文庫

はじめに

悩みはこう考えれば「消せる」

人生は山あり谷あり、けっして平坦なものではありません。いくつもの難所に突き当たり、その都度悩みながら歩みを続けていくものです。しかし、人は悩みをひとつ乗り越えることで、ひとつ強くなりますし、生きる力が増すのです。

乗り越えるうえで大切なのは、「気にしない」ことです。もちろん、それは斜にかまえて開き直ることとは違います。悩みを正面から引き受けて、なお、とらわれない、縛られない。それが気にしないということです。

たとえば、人間関係の悩み。挨拶をしない部下や後輩にイライラするということがあるかもしれません。そこで、「なんだ、挨拶のひとつもできないのか！」と思ったら、その感情にいつまでもとらわれることになります。

しかし、そこから離れ、相手に先んじて自分から挨拶をしたらどうでしょう。さすがに、どんな相手でも挨拶を返してくるはずです。交わし合う挨拶がおたがいを心地よくすることはいうまでもありませんね。さあ、悩みは一気に消滅です。

このように、悩みにとどまっているのではなく、自分ができることを実践していく。それこそが禅的思考の真骨頂です。禅にこんな言葉があります。

「即今、当処、自己（そっこん、とうしょ、じこ）」

そのとき、自分が置かれたその場所で、自分のできることを全力でやっていく、ということをいったものですが、それができていれば、結果がどんなものであっても、心はいつも穏やかで、騒ぐことはありません。

自分のなかに、やりきった感覚、納得感が生まれるからです。その納得感が悩みを消す〝特効薬〟なのです。

どれほどやっかいな悩みでも、手に負えないように感じられる悩みでも、そこでやるべきこと、できることは、必ず、あるのです。本書ではさまざまな状況でのやるべきこと、できること、を紹介しています。それをやっていきましょう。

もうひとつ、禅には悩みに直面したときに心を整える〝秘法〟があります。立ち居ふるまいを整えるというのがそれ。坐禅の基本とされるのが「調身」「調息」「調心」ですが、調身とはまさしく立ち居ふるまいを整えることです。その結果、呼吸が整い、心も整ってくるのです。

悩みは怒りや不安、焦りといった感情をもたらすでしょう。たとえば、不安に駆られているときには、肩が落ち、姿勢が前屈みになって、呼吸も浅くなっています。そこで、シャキッと背筋を伸ばす。これも、立ち居ふるまいを整えることです。

すると、深い呼吸ができるようになり、心も落ち着いてくるのです。不安が消えていくといってもいいでしょう。ちなみに、この心の整え方は、禅に打ち込んだ祖師方がみずからおこない、その効果を体感して、永永と伝えてきたものです。まさしく、受け継がれた禅の知恵です。

さあ、悩みから一歩踏み出してください。禅の世界に一歩踏み込んでください。そこには〝消せない〟悩みなど、何ひとつありません。

合掌

建功寺方丈にて

枡野俊明

もくじ

第2章

かたよらない、とらわれない、こだわらない

「失敗」「後悔」を引きずらない練習

第3章

「思い通りにならない現実」を受け入れる

「損得」「白黒」で動かない練習

第4章

煩悩に悩まされたら、こう抜け出す

自分の「身の丈」で生きる練習

第5章

嫌われても、やるべきことはやる

「いい人間関係」をつくる練習

第6章 「今・ここ」に、心を、集中する

「ざわめく心」を静める練習

第1章

平常心を養う

「不安」「評価」が平気になる練習

不安や雑念は生きている証拠

●やるべきことをやっていれば、不安は消える

仕事をしていてもふっと雑念にとらわれる。いったん不安に駆られると、そのことで心がいっぱいになってしまう。そんな経験は誰にでもあるものだと思います。不安や雑念からまったく離れて生きている人はいません。その意味では、不安を抱くのも、雑念を持つのも、生きている証拠といえるかもしれません。

問題はその〝扱い方〟でしょう。**心に湧いた不安をつかまえるから、それにこだわるから、やっかいなことになる**のです。いわゆる、不安が不安を呼ぶということになって、雪だるま式に膨れあがる。

禅に「達磨安心」という公案《こうあん》が『無門関《むもんかん》』にあります。

禅を中国に伝えた達磨《だるま》大師は禅の初祖と呼ばれ、禅宗寺院ではどのお寺でも祖堂にお祀りされる大事な祖師です。その達磨大師に弟子の慧可《えか》（二祖）が訴えます。

「不安で仕方がないのです。どうか私の心を安らかにしてください」

達磨大師はいいます。

「それでは、おまえさんの不安な心とやらをここへ持っておいで。そうしたら、安心させてやろう」

慧可は必死になって不安な心を探しますが、どうしても見つかりません。そこで、そのことを大師に告げます。すると、大師はこういうのです。

「ほら、もうおまえさんの心を安心させてやった」

公案が教えているのは、**不安は心が勝手につくり出しているもので、実体などはないのだ、**ということです。雑念も同じです。まず、知っておいていただきたいのはそのことです。

しかし、実体がないことが頭でわかったからといって、すぐさま不安や雑念がなくなるわけではありません。そこから離れるには、**目の前のやるべきことに一所懸命取り組む**ことです。

たとえば、大事なプレゼンテーションを翌日に控えて、「うまくできるだろうか？」という不安に苛《さいな》まれる、といったケース。しかし、そこでやるべきことはありませんか？

もう一度、資料を読み返す、当日のシミュレーションをする……。いくらでもあるはずです。それに集中するのです。

資料がすっかり頭に入っていれば、シミュレーションを繰り返せば、不安は影をひそめて、プレゼンに対する自信が生まれます。一所懸命にやったら、必ず、結果はついてくるのです。

一方、不安な心にとどまっていたら、新たな不安が生まれます。「うまくできるだろうか？」↓「失敗したら、〝ダメなやつ〟と思われやしないか？」↓「この会社にいられるだろうか？」といった塩梅《あんばい》です。次から次に、〝余計なこと〟を考えることになって、実体がないはずの不安に振りまわされることになるのです。結果はおのずから明らかでしょう。

禅に「一息に生きる」という言葉があります。ひと呼吸するその瞬間に自分のすべてを注ぎ込み、生ききるということです。起こるか、起こらないか、わからない未来の状況や事態を思って不安になる、心を掻き乱されるのは、今、その瞬間を生ききっていることでしょうか。

そうではないでしょう。いつだってやるべきことはあるのです。それをただ、一所懸命にやる。生ききるとはそういうことです。

「今」には、すべて縁がある

●「今、ここ」でがむしゃらにやってみる

「今の仕事を将来も続けられるか自信がない」

「今、やっている仕事が自分のやりたいことかどうか、わからない」

そんな声をよく聞きます。とくに若い世代は、早々と見切りをつけて、転職を繰り返すといった傾向にもあるようです。しかし、**その仕事に就いているということは、そこに「縁」があった**ということなのです。少なくとも、自分にはその会社なり、組織なりで働きたいという思いがあり、それを先方も受け入れてくれたから、「今」があるわけでしょう。つまり、双方が縁を結んだのです。

その縁を生かすのも、台なしにしてしまうのも、ほかの誰でもない、自分

なのです。もちろん、

「ほかにもっと自分に向いている仕事があるのではないか？」

「持っている能力を発揮できる仕事があるはずだ」

という思いになることはあるかもしれません。とりわけ、友人や仕事で知り合った人たちの仕事の内容や待遇面などが、自分より〝よく見える〟と、その思いが募ることにもなります。しかし、「隣の芝生は青い」という諺《ことわざ》があるように、**他人様《ひとさま》のことは概して、よく見えてしまうのが人間**なのです。


おもしろくて、ラクで、やりがいがあって、給与も高い……。どこを探したって、そんな仕事はありません。どんな仕事にも、苦労もあれば壁もある。その苦労を引き受けることで、壁を乗り越えることで、ビジネスパーソンとしても、あるいは人としても成長するし、充実感を味わうこともできるのです。

縁をいただいた場所で、がむしゃらにやってみる。そのことが絶対に必要だ、とわたしは思っています。臨済義玄《ぎげん》禅師の言葉にこんなものがあります。

「随所作主　立処皆真（ずいしょにしゅとなれば　りっしょみなしんなり）」

どのような場所にいても、どんな場面にあっても、いつでも主体的に行動していれば、そこには真理があらわれる、そこに真実の自分がいる、という意味です。主体的に行動するとは、真正面から向き合うということ。がむしゃらにやるというのも、ほぼ同じことだと思ってください。

仕事も斜にかまえていると、「やらされている」という感覚がつきまといます。その感覚が「ほどほどでいい」という気持ちにつながるのです。ほどほどにやって、ほどほどに仕上がった仕事に、おもしろさを見つけたり、やりがいを感じたりすることができるでしょうか。できっこない、ですね。縁は台なしです。

真正面から真剣に取り組むから、そこに工夫が生まれたり、新たな発想が加わったりするのです。つまり、仕事が自分流になるわけです。おもしろさ

も、やりがいも、自分流のなかにしかありません。

また、自分流に仕上げた仕事には、周囲の評価もついてきます。「彼（彼女）の仕事はひと味違うね」ということになる。縁がみごとに生かされています。

天職という言葉がありますが、それは「見つける」ものではなく、「（自分が）する」ものだと思います。どこまでも自分流を追い求めていく。すると、いつかその仕事が天職になっている。いや、自分が天職にしているのです。

天職に向かう道筋の起点は、「今」いただいているその「縁」です。

世の中は思い通りにいかないことだらけ

●「世の中のため」を常に考える

自分の仕事の成果が気にならない人はいません。順調に成果があがっているときはいいのですが、ビジネスの世界は厳しい。なかなか思うにまかせないということのほうが、多いのではないでしょうか。

たとえば、商品開発の分野なら、自分が企画した商品がぜんぜんヒットしない。そんな状態が続けば、仕事に対する意欲も、頑張る気力も萎《しぼ》みます。

では、成果をあげるためには何が必要なのでしょう。

「世の中のため」「人のため」を常に考えること、そこから発想すること、と思います。商品開発でいえば、

「こんなものがあったら、世の中がもっと楽しくなる」

「こういう商品ができたら、人びとの暮らしがずっと快適になる」

前者の発想から生まれた代表的な商品がウォークマンです。ウォークマンの出現で、いつでも、どこでも、好きな音楽が聴けるようになり、世の中の楽しみ方の幅がグンと広がりました。

ダイソンの掃除機などは後者の発想といえるかもしれません。吸引力の強さはもちろん、縦置きのスタイルにしたことで、操作も収納もラクになり、使い勝手が格段によくなりました。暮らしへの貢献度は大です。

どちらも世の中を席巻するほどの大ヒット商品になったことは、あらためていうまでもないでしょう。

禅は「利他《りた》」、すなわち、他を利することの大切さを教え、これを利他行ともいいます。「世の中のため」も「人のため」も、その心に相通じています。商品開発にかぎらず、仕事では「自分が、自分が」ということが前面に出がちです。自分の売上の数字だけあがればいい。ヒットしている商品の

〝マネ〟をしてでも売りたい……。

一時的にはそれで成果はあがるかもしれません。しかし、長続きはしません。**ほんものの成果がついてくるのは、利他の心が土台になった仕事です。**

日本を代表する経営者である故・稲盛和夫さんは、ビジネスパーソンに求められる「六つの精進」のひとつとして、「善行、利他行を積む」ということをあげています。

やってみないと、結果はわからない

●結果がどうであろうと「やる」

どんな行動も結果をともないます。行動しているときは、結果は想定するしかありませんが、ここで躓《つまず》くことがあります。「どうも、よい結果に結びつきそうもないな」と想定がマイナスに振れると、二の足を踏んでしまったりする。思いあたるフシがあるという人は、少なくないのではないでしょうか。

たとえば、仕事で難しいアポイントを取るといった場合、どうせダメなのだから、と勝手に決めつけ、結局、先方に連絡をとらずじまいで終わる、といったケースがそれです。しかし、どれほど可能性が低かろうと、悪い結果が想定されようと、指示された仕事はやるべきことなのです。こんな禅語があります。

「至道無難　唯嫌揀択（しいどうぶなんなり　ただけんじゃくをきらう）」

至道は悟りに至る道のこと、揀択は選り好みをすることです。ですから、この禅語の意味は、悟りに至る道はけっして難しいものではない。ただ、選り好みをしないことが大切なのだ、ということになります。

結果が出る仕事と出そうもない仕事を分けるのは、典型的な選り好みでしょう。禅はそれを強く戒《いまし》めています。悟りに至る道とは、みなさんの立場に置き換えたら、正しい生き方、真摯《しんし》な生き方、といってもいいと思いますが、選り好みをするから、それができない。禅語はそう教えているようでもあります。

結果のいかんにかかわらず、やらなければいけません。やることで自分が納得できるからです。結果は不首尾に終わったとしても、誠意を尽くして先方と連絡を取り、こちらの意向も十分に伝えたというプロセスを踏んでいれば、「やるだけやった」という納得感が得られます。

コンタクトも取らずに諦めた場合とは、まさしく雲泥の差でしょう。結果は同じだから、というのはやらない人の言い訳にすぎません。仕事で大事なのは、結果よりもむしろ、自分自身の納得感なのです。

仕事に関しては、しばしば、経験を積む、キャリアを重ねる、という言い方がされますが、一つひとつの仕事の納得感は、経験と経験を、あるいは、キャリアとキャリアをしっかりつなぐ、いってみれば、竹の節のようなものではないかと思います。

竹は節があるからしなやかで強いのです。納得感のない仕事の経験をいくら積んでも、どれほどキャリアを重ねても、それは節がないスカスカの竹と同じできわめて脆弱《ぜいじゃく》。ステップアップやスキルアップの糧にはなりません。

やるべきことはとことんやる。納得感はそこにこそ生まれます。いつもお話しするのですが、わたしは、結果がよければうれし涙が、悪ければ悔し涙が出るくらいに、真剣に取り組まなければ、とことんやったとはいえない、と思っています。

そこまでやったら、どんな結果になっても、また、結果をどう評価されても、心が騒ぐことはありません。淡々と受けとめられます。

誰かと比べても仕方がない

●持ち味が評価される日をじっと待つ

組織のなかで仕事をしていれば、周囲の人たちの動向が気になります。とくに注視しているのは、社会人として同じスタートラインに立った、同期社員ということになるかもしれません。

同期が続々と昇進しているのに、自分だけは平社員のまま出遅れている。落ち込みもするし、めげもするきつい状況です。当然、焦りも湧いてくる。心に重くのしかかってくるそれらの思いは、じつは同じところから発しています。

「順調に出世階段を上っている彼らに比べてこの自分は……」

そう、誰かと自分を比べることが源となっているのです。そのため**仏教で**

は比較することが悩みや苦しみを生むとして、それを強く戒めています。考えてみてください。自分を誰かと比べることに、何か意味があるでしょうか。

自分より高いポジションに就いている人と比べたら、自分のポジションがあがるなんてことはありませんし、華々しい活躍をしている人と比べてみたって、自分にスポットライトが当たることはないのです。素敵な恋人がいる人と比べることで、自分にも恋人ができるでしょうか。

羨む気持ちや妬《ねた》み、嫉《そね》みといった感情が掻き立てられて、悩んだり、苦しんだりするだけではありませんか。**自分は自分。それ以上でもなく、それ以下でもない存在としてわたしたちは生きています。その原点を見つめましょう。**

こんな禅語があります。

「春色無高下　花枝自短長（しゅんしょくこうげなく　かしおのずからたんちょう）」

春は分け隔てなく、どんなところにもやわらかな陽射しを注ぎ、あたたかな風を運んでくれる。一方、花の枝は短いものもあり、長いものもある。また、高いところに伸びているものもあるし、低い位置に生えているものもある。それが禅語の意味です。

枝の短長、高下《こうげ》は持ち味です。その持ち味によって、陽射しや風の当たり方は違うでしょう。ですから、早く花開かせる枝もあれば、遅咲きのそれもあるのです。

どちらがよくて、どちらが悪いということはない。短いなら短いなりに、長ければ長いなりに、精いっぱい開花準備を整えてそのときを待てばいいのです。

人もまた、同じです。

出世ということにしても、多分に運に左右されるものでしょう。末端の一メンバーとしてたまたま参加したプロジェクトが大きな成果をあげて、ご祝儀相場でいいポストに就くことになった、といった〝幸運な昇進〟、棚からぼた餅的出世はけっして珍しいことではありません。

しかし、運は自分ではいかんともし難い。そうであったら、運など放っておけばいいのです。目を向けるべきは縁です。仕事のチャンスは、必ず、やってきます。そのときに確実にそれを掴み、自分を高めていくのが縁ですが、縁は日頃から準備をしていないと、スルリと通り抜けていってしまいます。

自分がなすべきことを怠らず、コツコツと丹念にやっていく。それが準備ということです。なすべきことというのは、自分の持ち味を見きわめ、生かし、磨いていくことといってもいいですね。人は十人十色でそれぞれ持ち味が違います。同僚が先に昇進したのも、そのときはその人の持ち味が評価された結果という見方ができます。

自分の持ち味はその人とは違うのですから、しっかり準備を整えて、自分の持ち味が評価されるときを待つ。そのかまえでいればいいのです。

まったく新しいものはない

不便を改善するところから考える

ビジネスの現場では日常的に上司や先輩の叱咤激励にさらされるのだと思います。

「もっと、頭を使え」

これなどはその常套句かもしれません。かつて「指示待ち症候群」という言葉がさかんに語られましたが、確かに、指示されたことをそのままやっているだけでは、上司や先輩としては「歯がゆい！」という思いにもなるのでしょう。

指示を超える「何か」が求められている。しかし、先輩諸氏が思わず息を呑むような新発想は、いくら頭を使ったからといって、そうそう出てくるものではありません。たとえば、資料やデータをそろえるのでも、「えっ、こんなそろえ方があったのか」といった、まったく新しい画期的なそろえ方などはまずない。

商品の開発にしても、**これだけものがあふれている時代に、誰も考えもしなかった商品を生み出すのは不可能に近いでしょう。**もちろん、そうした商品がないわけではありませんが、きわめて希なケースです。

禅語にこんなものがあります。

「明珠在掌（みょうじゅたなごころにあり）」

ほんとうに価値あるもの、大切なものは、けっして遠いところにあるわけではない。みずからの手のひらのなかにあるのだ、という意味です。この禅語に倣《なら》えば、「何か」はもっと身近にあるはずです。

それを見つけるには〝**掘り込み**〟が必要です。現状から少し掘り込んで考えてみる。**着眼点は「ふだん自分が不便だと感じていること」です**。資料や

データでいえば、

「数字の羅列がどうも見にくいな。ビジュアル化したらはるかにわかりやすいのになぁ」

といった〝不便さ〟を感じているかもしれない。であれば、ビジュアル化できる部分はビジュアル化したらいいのです。その資料を手にした先輩諸氏から、

「おっ、資料が見やすくなったな。へぇ〜、おまえやるじゃないか」

という声があがる確率はかなり高いのではないでしょうか。少なくとも、いわれたことだけしかやらない、頭を使っていない、という汚名は返上できます。

また、女性には、ふだんから「こうしたら、もっと心地よいのに……」と感じていることがあるかもしれません。それを実践するのです。たとえば、来訪者にお茶を出すということについてでも、ただ、一度出して終わりでは

なく、ミーティングや打ち合わせの途中で、新しいお茶に差し替えたら、来訪者がもっと心地よさを感じてくれるのになぁ、という思いをもっていたら、そうすればいいではありませんか。

その対応はきっと、来訪者の心をあったかくするに違いありません。もちろん、社内的にも、「こまやかな心遣いはさすが！」という声があがるはずです。

セブン‐イレブン・ジャパン前々社長の井阪隆一さんにこんな言葉があります。

「不便に対して何ができるかを考えることがビジネスチャンスにつながる」

ＩＴの進化で効率化されたとはいえ、あなたのオフィス、身のまわりにはたくさんの不便さ（もっと、心地よくなること）が転がっているはず。さあ、存分に〝頭を使って〟ください。

ひらめきは思わぬ瞬間にやってくる

●ときには頭を休める時間を持つ

以前、こんな新聞記事を目にしたことがあります。外資系のさる大手コンサルタント会社に勤務している三〇代の女性の話ですが、その人は家では使い捨てのお皿を使っているというのです。その理由は、お皿を洗っている時間がもったいない。そんな時間があったら、知的活動に使いたい、というものでした。

実際、経営コンサルタントという職種はそのほとんどの時間を知的活動に費やすものなのでしょう。それは認めたうえで、わたしは少し違うのではないか、と考えています。

コンサルタントとして企業戦略を練るうえで、斬新な発想や着想、知的ひらめきは重要な要素になると思います。**その発想やひらめきは、純然たる知的活動をしているときに、たとえば、デスクに座って思索をめぐらせているときに、もたらされるものなのでしょうか。**

もちろん、そういう場合もあるでしょう。しかし、**知的活動から離れているときにひらめく、ということも同じくらいあるのではないか、**とわたしは思っています。真偽はともかく、リンゴが木から落ちるのを見て万有引力を思いついたとされるニュートン、バスタブから水があふれ出るのを見て原理のヒントを得たといわれるアルキメデスの例を引くまでもなく、発想、ひらめきは思わぬ瞬間に湧きあがるのです。

お皿を洗っている最中に、どんな経営者をも唸らせる経営戦略のヒントを思いついたとしても、少しも不思議はありません。**「知」は知的活動をしているときだけに働くわけではないのです。**

「七走一坐（しちそういちざ）」

という禅語があります。人はずっと走り続けていることはできない。七回走ったらいったん坐って、休んでみることも必要なのだ、というのがその意味です。人の集中力はそう長くは持続できません。ときに頭を休めることで脳もリフレッシュされ、活性化されます。掃除や洗い物をして、部屋や食器が綺麗になると、気分も清々しくなります。文字どおり、気分転換がはかれるのです。ほかの時間はできるかぎり削って、より多くの時間を知的活動に当てようという、その意気込みが悪いというつもりはありませんが、効果のほどについて、わたしは懐疑的です。

家族間の亀裂は修復できる

●ケータイは夜九時以降は封印する

現代人が抱えている深刻な問題の一つが家族に関するものではないでしょうか。日本の家族を象徴する伝統的な風景は、三世代、少なくとも二世代が、そろって食卓を囲むというものでした。

「一家和楽（いっかわらく）」

みんながそろって和やかに、穏やかな生活を楽しむ、ことをいったこの禅語は、本来の家族の姿そのものでしょう。ところが、今は家族が分断され、それぞれが独自のスタイルで生活しています。

食事を一緒にとるどころか、挨拶も会話もない、へたをすれば顔を合わせることもめったにない、という〝ないない尽くし〟の状態にあるのが実情でしょう。禅語の「露（ろ）」はすべてが露《あらわ》になっていて、どこにも包み隠すところがない、という意味ですが、本来、家族のつながりはそういうものであったはずです。

社会的な体面を繕う必要もないし、おたがいに遠慮することもない。見栄やへつらいからも解放された「素」の自分でいられる、唯一の空間が家庭だったといっていいでしょう。

そうであったから、そこには安らぎや癒やしがあったのです。それが急速に失われつつあることが、親子間の断絶、夫婦間の亀裂といった家族問題の増加に深くかかわっているのは明らかです。

家族を取り戻す。それは現代人に共通する課題です。しかし、現実問題として、ビジネスパーソンは仕事に多くの時間をとられています。家族と一緒に過ごせる時間はごくかぎられたものにならざるを得ません。

そこでポイントになるのは「密度」です。**短くても密度の高い時間を家族**

が共有したら、それぞれが絆《きずな》に思いを馳せることになるし、心が通い合う会話も生まれ、笑顔を向け合うことにもなると思うのです。

そのための方策として、わたしが提案したいのは**ケータイの封印**です。ケータイが普及したことで、ビジネスパーソンの仕事時間はさらに増えています。帰宅してからも仕事関係の連絡がおかまいなしに入ってくる。確かに、緊急事態のときは便利ですが、そんな状況がザラにあるわけではないでしょう。ほとんどが、翌日でもかまわないような要件、案件なのではないでしょうか。

たとえば、**夜九時以降はケータイを手放す。**どこか一定の場所に置いて、見ないようにするのです。できればそれを家族のルールにする。子ども世代、若者世代は、今やSNSによるコミュニケーションが主流ですから、抵抗するかもしれません。しかし、SNSにどっぷりハマってしまうことの弊害は、もはや看過できないところまできています。ここは、親として「断固、ケータイ封印！」の強権を発動するくらいの気概があっていいのではないでしょうか。

もちろん、**パソコンもスイッチオフ**です。家族共有の時間を持つには、まず、その条件をつくることが必要です。**ケータイ封印・パソコンオフは、もっとも基本となる条件**だといっていいと思います。

条件が整えば、そこは家族ですから、誰からともなく話題が持ち出され、会話はつながっていくものです。一朝一夕には無理かもしれません。しかし、大切なのは着手すること、一歩踏み出すことです。最初はぎごちなくても、家族で時間を共有し、その密度を徐々に高めていきましょう。

「義理」にこだわりすぎない

●歳をとったら義理は欠いていい

「和を以て貴しと為し」。よく知られた聖徳太子の憲法一七条の第一条冒頭の文言です。ここからも日本人が和を重んじる民族だということがわかります。その和を支えているものの一つが「義理」ではないでしょうか。

「義理を通す」「義理を立てる」などの言葉もあるように、**義理は日本人が生きるうえでのある種の倫理規範のようになっています**。義理をはたすことで人間関係が円滑になり、集団の和も保たれる。日本にはそんな構造があるように思います。

義理が問われる典型的な場面が葬儀でしょう。親交があった人の葬儀の知らせがあると、何をおいても駆けつけるのが日本人の〝常識〟です。義理を欠くことはもっとも恥ずべき行為だという気持ちがあるからです。

しかし、わたしはあえてこの常識に異を唱えたいのです。以前、わたしの友人の医師からこんな話を聞いたことがあります。

「歳をとったら、〝風邪ひくな、転ぶな、義理を欠け〟。これが長生きするための三つの秘訣ですね」

風邪は万病のもと。たかが風邪と侮《あなど》っていると、症状が悪化して重篤な病気につながり、生命にかかわることもありますから、ひかないよう十分に注意することが長寿の秘訣だというのは頷けます。

転ぶなというのは、高齢者には転んで骨折するケースが多いからです。治りも遅いため、何か月も寝たきりということになったりしますし、その結果、筋肉が衰えて歩けなくなることも少なくない。それが寿命を縮めることにつながっていくのはいうまでもないでしょう。

さて、義理を欠けというのはどういうことか。高齢者になると、友人、知人の訃報に接することが多くなります。当然、義理は欠けないという思いで葬儀に参列することになるわけですが、しばしばこんなことが起こるというのです。

寒い時期の通夜に出向いて倒れてしまう。逆に炎天下の告別式で体調を崩すこともありそうです。いずれにしても、義理をはたそうとしたばかりに、自分の身体にダメージを与えてしまうわけです。

義理と命を秤にかけたら、命が重いことはいうまでもないこと。そうであるなら、義理を欠いてもいいではないか、というのがこの医師の主張なのです。

わたしは全面的に賛成です。**歳をとったら、まず、自分の体調と相談し、無理のない範囲で義理をはたせばいい、というふうに考え方を切り替えるべきです。**

また、葬儀でも、参列しなければ義理がはたせないわけではありません。

弔電を打つこともできますし、それでは十分に弔意が伝わらないと思うのであれば、後日、遺族に手紙を送るという方法もあります。自筆でお悔やみの言葉を丁重に記し、故人との関係、心に残っている思い出などを添えれば、葬儀に参列する以上に遺族を慰めるものとなるのではないでしょうか。

義理に厚いのは世界に誇るべき日本人の美徳ですが、歳をとったら、義理にはこだわらず、しかし、疎《おろそ》かにせず、というくらいに捉えたらいかがでしょう。

「死」はお預かりした命を返すとき

●死がくるときまで、精いっぱい生きる

不安のなかでもっとも大きいのは、やはり「死」に対するそれでしょう。

仏教には「生者必滅《しょうじゃひつめつ》」という言葉がありますが、**生を受けたものには、必ず、死を迎えるときがやってきます。**逃れることができないという思い、そして、死という未知の世界に対する怖れが、いっそう不安を掻き立てるのです。

禅では、命というもの、死というものについて、次のように考えています。

命は「お預かりしたもの」というのが禅の根本的な考え方です。これには反論がありそうです。自分の命は誰のものでもない、自分のものではないか。ましてや、誰かから預かったなんて覚えはない、というのがそれでしょう。

自分のものなら、自分の意志でどのようにでもできるはずです。では、心

臓を止めてみてください。できないでしょう。心臓だけではありません。胃や腸、肺などの臓器も自由に働かせたり、休ませたりすることはできませんし、血液だって意志とは無関係に全身をめぐっています。

わたしたちは自分の身体でさえ、意志や意識ではどうにもできないのです。自分を超えた大きな力が働いてくれているとしか思えません。その力によって身体が、命が保たれている。わたしたちはその力で生かしていただいているのです。

禅（仏教）ではそれを仏様の力といったりします。一般的な言葉にすれば、大宇宙の真理という言い方になるかもしれません。

仏様の力をいただいているわたしたちの命。それは、仏様からお預かりしたもの、ということになりませんか？

命を大事にしなさい、ということを誰もがいいます。しかし、「なぜ？」と聞かれると、答えに窮《きゅう》してしまう。じつは答えははっきりしています。**お**

預かりした命だから、大事にしなければいけない。それだけのことです。

みなさんも、自分宛に届いた荷物は包装紙をビリビリ破ったりしても、隣家宛の荷物を預かったときには、ていねいに扱うはずです。預かったものを粗末に扱ってはいけないのは、理屈を云云《うんぬん》する以前のこと、きわめて当然のことなのです。

お預かりした命を大切に扱い、無理を極力控えて、一所懸命に守っていく。それが生きるということでしょう。

その生もいつか終焉のときを迎えます。**お預かりしてきた命をお返しする。それが死ということです。**いつ返すのかは、仏様におまかせしておけばいいのです。いつまで生きられるのだろう？　突然、死んだりしやしないか？……などと考えるから、悩みもするし、不安が募ったりもするのです。

わたしたちにできるのは、おまかせして、そのときがくるまで、精いっぱい生きていくことだけです。そうしていたら、悩みも不安も消えていきます。良寛さんの言葉にこんなものがあります。

「死ぬる時節には死ぬがよく候」

おまかせするとはこういうことです。良寛さんは、それが災難を逃れる妙法だといっています。思い悩んでも、苦しんでも、不安に思っても、死ぬときは死ぬのです。おまかせしてしまったら、これほどラクなことはない。そう思いませんか？

かっこいい死に方も、かっこ悪い死に方もない

●死ぬとき、満足感を持てる生き方をする

「自分はいったいどんな死に方をするのだろう？」

誰でも一度くらいは自分の死について考えたことがあるでしょう。

そして、できれば桜の花の散り際のように、潔く旅立ちたいとも思っているのではないでしょうか。

しかし、**死に、潔いも、未練がましいも、ないのです。かっこいい死も、かっこ悪い死も、また、ありません。ただ、それぞれの死があるだけです。**

奔放な生き方をしたことで知られる江戸時代の禅僧、仙厓義梵《せんがいぎぼん》和尚が、最後に残した言葉は「死にとうない」だったとされています。一休宗純《いっきゅうそうじゅん》禅師にも同様のことがいわれています。

これを、修行を積んだ禅僧にふさわしくないとするのはあたりません。少なくとも、生への執着がいわせた言葉ではないはずだからです。

忖度《そんたく》するのは僭越ですが、おそらく、そこには余人には窺い知れない深い意味があったのだと思います。

死について一ついえることは、**死ぬときに、「ああ、やるだけのことはやりきった人生だったなぁ」という満足感を持つことができれば、その人生は充実したものだったといえますし、幸福でもあったといえる**ということです。

そのためには、今を大事に生きるしかない。それが禅の考え方です。よく、「明日は頑張る」といったりしますが、その明日を迎えられるという保証はどこにもありません。やるべき大切なことを明日に先延ばしにして、その日に死んでしまったら、大切なことをやり残したまま人生を終えることになるのです。

わたしたちには、いつでも、どんなときも、「今」を必死で生きて、人生

を積みあげていくことしかできません。それしか、満足感を持って人生に幕を下ろす生き方はない、といってもいいでしょう。

禅僧は年が明けると「遺偈《ゆいげ》」というものをつくります。漢詩の形にした、いわゆる遺言です。いつ、どこで、死ぬかわからないのが人間ですから、年初にあたってそのときの思いをしたためておくのです。

同時にそれが、命あるかぎり「今」を大事に生きなければいけない、という自分への戒めにもなります。前項でもお話ししましたが、死はおまかせして、「今」に全身全霊を注ぎ込みましょう。

第2章

かたよらない、とらわれない、こだわらない

「失敗」「後悔」を引きずらない練習

失敗したって命までは取られない

●慎重になりすぎずやってみる

仕事でも、人間関係でも、誰もが失敗したくないと思っています。しかし、あまりにその思いが強いと困ったことになる。慎重になりすぎて、なかなか前に踏み出せないのです。石橋を叩いて渡るという諺がありますが、いつまでも叩いてばかりいて、渡らないタイプですね。こんな禅語があるのをご存じですか？

「冷暖自知（れいだんじち）」

器のなかに入っている水が冷たいのか、あたたかいのかは、いくら眺めていても、考えていてもわかりません。しかし、自分の手で触れてみたら、即座に冷暖を知ることができます。

実践を重んじる禅ならではの言葉ですが、過剰な〝慎重派〟のみなさんには、じっくり噛みしめていただきたい言葉の一つです。

もちろん、十分な準備を整えてものごとに取り組むことは必要です。しかし、いくら準備をして臨んでも失敗することはあるのです。たとえば、綿密に計画を立ててスタートさせたプロジェクトでも、進める過程で想定外のことが起こることはありますし、いったん頓挫《とんざ》を余儀なくされることもあるわけです。その結果、プロジェクトが失敗に終わることもあるでしょう。

一つ考えて欲しいのは、**どれほど計画や準備が万全でも、失敗の可能性がゼロになることはない**ということです。そして、**失敗したとしても、命までは取られない**ということです。

身近なシチュエーションで考えてみましょう。思いを寄せている人とデートの約束を取りつけた。当然、綿密なデートプランを練ることになるでしょう。当日、プラン通りのデートが実現したとして、それでも相手がこちらを振り向いてくれないこともあるわけです。

その失敗がトラウマになり、恋愛そのものができなくなってしまったら、人生はつまらないものになると思いませんか？　恋に関しては連戦連勝、一度も失敗したことがないなどという人はいないのです。

むしろ、失敗を重ねることで〝腕〟があがっていく。発明王といわれたトーマス・エジソンはこんなことをいっています。

「失敗？　これはうまくいかないことを確認した成功だよ」

至言です。一事が万事でしょう。恋愛でも仕事でも、**失敗することによって、その取り組み方、進め方ではうまくいかないことが、一つ確認できる**のです。それは、次の恋愛、仕事を成功させるうえでおおいなる財産になるはずです。

「おっ、また一つ確認できた。よぉし！」。その意気でいきましょう。

「まあ、いいか」で開き直る

失敗の原因はきちんと分析する

失敗についてもう少しお話ししましょう。失敗したことをいつまでも悔やんでしまうという人がいます。

「あのときこうしていれば……」

「あそこで、あんなふうにしていなかったら……」

人間、反省することは大事ですが、**いくら反省しても、時間は戻りません。つまり、失敗を取り戻すことはできない、過去に戻ってそれをやり直すことはできない**のです。失敗は失敗として受けとめるしかありません。

問題は受けとめ方でしょう。深刻に受けとめすぎると、いつまでも失敗にとらわれることになります。**「まあ、いいか」**。失敗を軽くみるということではありませんが、**少しばかり開き直って、その程度に受けとめるのがいい、**とわたしは思っています。

肝心なのはそこからです。**失敗した原因を、必ず、押さえておく。**もっとも重要なのがその作業です。どんなことでも、成功に向けてスタートをきるわけですから、結果が失敗に終わったとすれば、どこかでズレが生じているのです。成功への道筋が何かを境に方向を変えたといってもいいでしょう。

その分岐点を探る。それが、失敗の原因を押さえるということです。仕事でいえば、進行過程での連絡を怠ったために、意志の疎通がうまくはかれなくなり、結局、棚上げ状態になってしまった、ということもあるでしょうし、資料を十分にそろえることができなかったために、説得力を欠き、契約までこぎ着けられなかった、といったこともあるでしょう。

原因はさまざまだと思いますが、それを炙《あぶ》り出すことで、同じ失敗を繰り返すことがなくなります。その意味では、失敗はマイナスより、むしろプラス。スキルアップのための貴重な経験という捉え方ができるのではないでしょうか。

恋愛だってそうです。順調に進んでいた恋人とのつきあいが破綻に終わったというときには、必ず、どこかに原因があるものです。

「わたしに原因があるとは思えない。彼が心変わりしただけ……」

そんなふうにしか考えられないというケースもあると思いますが、さらにじっくり考えてみてください。仏教では「因縁《いんねん》」という考え方をします。つまり、なんらかの（原）因があって、そこに縁という条件が合わさって、結果が生まれる、とするのです。世の中のあらゆることは、そのようにして存在しています。

さて、因はなかったでしょうか。ふるまいに身勝手なところはありませんでしたか？　独占欲が強すぎたりしていなかったでしょうか？　甘えすぎていたということは？……。それらの因に、彼が負担に感じるという縁が合わさり、心変わりという結果をもたらした、ということは十分に考えられます。因の検証は必須課題です。それでこそ、失敗は生きます。

失敗は成功の母。誰もが知っている諺ですが、これはまぎれもなく真理です。

「いい経験をさせてもらった。ありがたいことだなぁ」

ぜひ、そんな捉え方をしてください。失敗に感謝できたら、人としての器はグンと大きくなります。

人間、生まれてきたときは何もない

●それを自覚すれば自分らしく生きられる

ビジネスの世界では地位や肩書きが幅を利かせます。名刺に「部長」や「専務」と刷り込まれていれば、緊張もするでしょうし、対応も丁重なものになる。もちろん、地位や肩書きに相応の敬意を払うことは、ビジネスパーソンとしての基本的な心得といえるでしょう。

しかし、それらは、そのときたまたま纏《まと》っているものにすぎないのです。

「本来無一物（ほんらいむいちもつ）」

という禅語があります。達磨大師から六代目、六祖の慧能《えのう》禅師の言葉とされるものですが、この世にとらわれるものなど何もない、というのが本来の意味です。人間ということでいえば、**人は何にもとらわれない、何も持たな**

い姿で生まれてくるのだ、ということになるでしょうか。

それが人間の正味の姿、いちばん根源にある姿です。そのことを見据えておくことは、とても大切なことだと思います。

すると、自分が地位や肩書きを得ても、それに胡座《あぐら》をかくこともないし、それを振りかざすこともなくなります。逆に高い地位や重い肩書きがある人を前にしても、必要以上に萎縮したり、媚びたりすることもなくなるのです。

別の言い方をすれば、**心軽々と生きられる**、といってもいい。それと対照的なのが、いつまでも地位や肩書きにこだわっている生き方です。定年退職をして、仕事の第一線から退いたあとも、〝過去の栄光〟が忘れられない、そこから離れられない。もう、とっくに色褪《あ》せているのに、かつて纏ったものを脱ぎ捨てられないのです。

以前、一流企業の役員をやっていた、有名大学で教鞭をとっていた、会社をいくつも経営していた……。地位や肩書きとは違いますが、女性には、若かりし頃、何人もの男性にプロポーズされた、といった〝栄光〟が忘れられないなんてことがあるかもしれませんね。

それはともかく、リタイア組が集まる会などがあると、決まって自分の過去を話題にする人がいます。

せっかく、纏ってきたものを下ろして、身軽になった時期に、まだ、それにしがみついているのですから、わざわざ余計な重荷をしょい込んでいるようなもの。窮屈《きゅうくつ》な生き方といわざるを得ません。

周囲も辟易《へきえき》して、眉を顰《ひそ》めています。

「また、あの話が始まっちゃったよ。やれ、やれ……」

口には出さなくても、そう思っているのは間違いない。

過去の栄光に押し潰されるケースもあります。いちばん典型的なのはアスリートでしょう。世界チャンピオンやゴールドメダリストになったアスリートのなかには、身を持ち崩す人が少なくありません。彼らが決まって口にす

るのが、

「チャンピオン（メダリスト）という名前の重さに耐えられなくなって……」

という台詞です。あっさり捨ててしまえば、別の人生があったと思うと、やりきれない気持ちにもなります。

人は生きているうちにさまざまなものを纏います。だからこそ、**ときどきは、本来無一物だということを思い起こし、噛みしめる必要がある**のです。

そこに立脚していれば、どんな状況にあっても、自分らしく生きられます。

愚図、のろまでいいじゃないか

●自分のペースで、でも、ていねいさを忘れない

ＩＴの発達、インターネットの進化などを背景に、社会のあらゆる現象がスピードアップしているのが現代です。トレンドの変化も急ですし、情報の鮮度もまたたく間に低下します。

そんななかで仕事もスピード感が重視されます。少しでも速く仕上げることが評価の対象になる。そこで割を食うのがスピードに劣る人たちでしょう。

「まだ、できないのか。いつまでグズグズしているんだ」

「そんなにのろまじゃ、このセクションの業務についていけないぞ」

今はパワハラ、モラハラが厳しく指摘されますから、そこまであからさまにいうことはないかもしれませんが、職場の空気として〝愚図〟〝のろま〟

のレッテル貼りをされることは、少なくないのではないかという気がします。

しかし、**仕事において〝速さ〟はそれほど高く評価されてしかるべきことなのでしょうか。**ある仕事をスピードアップすれば、仕上げるまでの時間は短縮されます。その一方で、完成度はどうでしょうか。速さに重きを置けば、作業はていねいさを欠くことになります。それが完成度を下げることになる可能性は、十分考えられるのではないでしょうか。

たとえば、一〇〇個の製品をつくるとして、短時間で仕上げたときに三〇個のデッド（不良品）が出たとします。その三〇個は新たにつくらなければいけないわけですから、その分時間がかかりますし、材料費、人件費などのコストも必要になります。

これに対して、時間はかかっても一〇〇個をつくって、デッドが五個だったら、つくり直しの時間も、コストも少なくてすみます。

要は全体としてどちらが効率的かということになるのですが、「速さ＝高評価」「遅さ＝低評価」という図式は、必ずしも成立しません。

手を抜いていて時間がかかるというのは論外ですが、**ていねいにコツコツやっている結果として、スピード感に難があるということなら、そういう愚図、のろまなら、いいではないですか。**

速いか、遅いか、ではないのです。自分のペースでひたすら懸命にできることをやる。もっとも評価されるべきは、そのように仕事に取り組んでいる人でしょう。

精魂込めて、ていねいに取り組むということは、そのことに徹するということです。よく、役者バカとか、野球バカとかいったりしますが、このバカは蔑称とは違うでしょう。一つのことをひたむきにやっている人に対する敬称、尊称が〝○○バカ〟という表現です。

中途半端に取り組んでいたのでは、けっしてバカにはなれません。**常に徹するという姿勢の先にその境地があるのです。**とすれば、**〝ていねい、コツ**

コツ〟が継続できる愚図、のろまには、その道が開かれている。そんな言い方ができるかもしれません。

良寛さんはみずからを大愚《たいぐ》良寛と称しました。何ものにもとらわれず、何も求めず、ただ、恬淡《てんたん》として自在に生きる。それが、良寛さんがまさしく体現した「愚」だったでしょう。

並大抵のことでは大愚にはなれません。ていねい、コツコツに徹し、「あいつにはかなわないや」。周囲からそんな声があがる愚図、のろまをめざすのも、すばらしい生き方だと思います。

うまい話には裏がある

●「安さのしくみ」を慎重に調べる

ビジネスの世界では、競合する企業同士によるしのぎを削る戦いが繰り広げられています。どの企業も新しい顧客を獲得するために、さまざまな戦略、戦術を考え、練り、打ち出してきます。

なかでも、いちばん有効なのは、やはり、価格を下げるということでしょう。ある会社と長年取引をしてきたところに、新規取引を求める別の会社がコンタクトしてきた。見積もりは新規会社のほうが安い。それまでのつきあいのことも考慮し、先の会社にその旨を率直に伝えると、そこまでの値引きはできないという回答が返ってきた。悩ましい状況です。

ここで、考えなければいけないのは、新規会社の〝安さ〟のしくみです。

たとえば、取引しているのが何かの部品だとしましょう。どちらの会社も部品の原材料を外部から入手しているとすれば、その価格にはほとんど差がないはずです。

価格差を生んでいるもっとも大きな要因は人件費と考えられます。人件費が安いのか、あるいは、人件費の安い別の会社に外注しているのか。新しい機械を導入して、少人数で生産がまかなえるということもあるかもしれません。

そのあたりは確認しておく必要があるでしょう。もう一つのポイントは精度です。価格は安くても精度が落ちるということになると、こちらの作業にも支障をきたすことになります。サンプルを出してもらってよく吟味することが不可欠です。

さらに、その安い価格が〝定価〟なのかどうかも確かめること。一回目の取引はサービス価格を設定し、次の取引からは定価にするという戦術もあるからです。これも、要チェックポイントです。

いずれにしても、**安さのしくみについて納得できるまで、話し合いを重ねるのが基本**です。取引を続けてきた会社との間には信義があるわけですから、それを超える納得感があってはじめて、こちらに新規会社に切り替える「理」が生まれる。そんなふうに考えたらいかがでしょう。

『論語』にこんな言葉があります。

「巧言令色鮮し仁（こうげんれいしょくすくなしじん）」

言葉が巧みで、へつらうように愛想を振りまく人間は、誠実とはいえない。人としてもっとも大切な徳である仁の心が欠けているものだ、というのがその意味です。ここでは仕事の話をしましたが、プライベートな場面でも、**〝素敵な話〟〝おいしい話〟は、額面どおりに受けとると、思わぬ痛い目に遭うということが少なくありません。**

恥ずべき犯罪、許されざる犯罪である結婚詐欺などは、その代表格といわざるを得ません。

とかく、うまい話には裏があるもの。疑うという言葉はよくありませんが、慎重に手順を踏んでそれにのるかどうかを決めるべきです。

数字だけにとらわれない

●目に見えないものを見る心を育てる

仕事の評価をするうえで数字は有効なツールになります。営業部門などがまさにそうですが、売上は数字にあらわれますから、その数字がそのまま評価になったりする。そこで、「とにかく数字をあげなければ……」「数字さえあげれば……」という空気が醸成されます。

そこに落とし穴があるのです。ともすると、〝売らんかな〟という姿勢に傾きやすいというのがそれ。数字をあげるためなら何でもする、いわゆる、なりふりかまわずの営業になってしまうわけです。

親類縁者や知己を頼って売るというのはまだいいのですが、そうしたツテがなくなると、今度は顧客に対して手《て》練《れん》手《て》管《くだ》を弄《ろう》するようになる。たとえば、商品のデメリットについては、いっさい説明しなかったり、都合のよいデータだけを示して、〝人気商品〟であるように見せたり、できもしないアフターケアを約束したり……。

そうした手法で売上はあがるかもしれません。しかし、間違いなく一時的なもので終わります。顧客は手練手管に気づかずにはいないからです。やがて、こんな風評が流れることになります。

「実際に使ってみると、使い勝手が悪いところがこんなにあるじゃないか。あのセールスパーソン、調子のいいことばっかりいう人だな」

「人気商品だなんていっていたけど、あまり評判がよくないらしい。データにごまかされたよ」

「万全のアフターケアなんてとんでもない。売ったら売りっぱなしだ」

これでは、一時的に売上のトップをとっても、すぐにもその座から転落することは目に見えています。**数字にこだわるあまり、落とし穴に転落した図**

です。

一方、数字から離れて、顧客に寄り添う営業をしたらどういうことになるか。顧客に寄り添うというのは、相手の話をじっくり聞き、何を求めているかを正しく把握して、それに応えていく、顧客が知りたいことは、かりに自社に都合の悪いことでも、率直に伝える、顧客のアフターケアの要望には、できるかぎり迅速に対応する……といった姿勢をもつことです。

これなら、顧客との間に信頼関係が築かれます。風評もまったく違うものになる。

「熱心だし、誠意があるセールスパーソンだよ。あの人だったら間違いない」

「この商品を買うのだったら、絶対、彼（彼女）から買うのがいいよ。紹介するから、二、三日待っていて……」

ということになるのです。顧客が顧客を呼んできてくれるという流れです。当初は売上ランクの下位に低迷していても、ほどなく右肩上がりに転じ、いずれは間違いなく、押しも押されもしないトップセールスパーソンになる。しかも、トップの座から滑り落ちることはありません。

数字は目に見えるだけに、気になりますし、それにとらわれやすいのです。しかし、**ほんとうに大事なものは、じつは目に見えないもののなかにあります**。わたしが手がけている「禅の庭」も、石や白砂といった目に見える素材よりも、何もない空間、すなわち「余白」がさらに重要です。

目に見えないものを見る心をもってください。余白を大事にする心を育てていってください。

他人まかせにしない

●自分のことは自分で責任をもつ

二〇一一年三月一一日に東北地方を襲った東日本大震災とそれにともなう巨大津波の傷跡は、今も被災地に色濃く残っています。震災はたくさんの教訓をもたらしました。その一つが、自分の身は自分で守るという意識、自存意識といってもいいと思いますが、それをもう少し強くもつ必要がある、ということだったのではないでしょうか。

みなさんは、「てんでんこ」という言葉を覚えていますか？　震災後にメディアで取りあげられたものですが、その意味は、「各自」「それぞれ」ということです。これに津波をつけた「津波てんでんこ」は、津波対策の標語になっていました。津波がきたら、家族のことにも、友人のことにも、かまわずに、とにかくそれぞれが逃げなさい、というのが標語の意味です。

地震当日、岩手県釜石市内の小中学生は、これを実践することで難を逃れました。〝釜石の奇跡〟ともいわれた感動的な出来事です。もちろん、てんでんこは自分さえ逃げればいい、自分の命だけ助かればいい、ということではありません。**一人ひとりが、まず、自分の命を守る、その意識を共有することによって、全員の命が守られるのだ、**ということです。

これは地域の知恵、人びとの知恵です。大切なのはその知恵を語り継ぐことによって、次代、そのまた次代の人びとに伝えていくことでしょう。それが、自分を自分で守る意識の土台になる。意識を高めるのは継承された知恵です。

青森県から宮城県までの地域には、一〇〇カ所を超える石柱が建てられています。かつて津波が押し寄せてきた場所に建てられたそれらの石柱は、それよりも下の地域が危険ゾーンだということを教えています。しかし、その存在を知っている人はほとんどいなかったようです。

知恵が継承されていなかったのです。もし、しっかり継承されていたら、被害はもっと小さいものですんだかもしれません。

人にはどこか他人まかせという面があります。困ったら、危ない状況になったら、誰かが助けてくれるという思いを誰もがもっている。それは、自治体まかせ、国まかせということにつながっていきます。

しかし、自治体がやってくれるのだから、国が何とかしてくれるのだから、というのは発想が逆です。自助、共助、公助ということがいわれますが、**基本になるのは自助、つまり、自分のことは自分で守るという意識**です。そのうえで、足りないところは自治体が、あるいは、国がサポートしていくというのが、まともな共同体の在り方ではないでしょうか。

日本列島はいつ地震や津波が起きても不思議はない、地政学的な一大特徴を持っています。何人もの地震の研究者が、今後一〇～三〇年の間に東海地震、東南海地震、首都圏直下地震が起きる確率は、非常に高いと指摘しています。

〝他人まかせ〟から〝てんでんこ〟への切り替えは急務です。同時に、それぞれの地域で歴史のなかに埋もれている知恵の掘り起こしをする必要もあるでしょう。故・安倍晋三首相のいう「美しい国、ニッポン」は、そのことなしには実現しません。

「欲しい」と思ってもひと呼吸おく

●三つの基準で、要不要を決める

有り余るほどのものに囲まれて暮らしている。それが現代人に共通する特徴でしょう。捨てることや片づけることをテーマにした書籍が、軒並みベストセラーになっていることがそれを証明しています。

ものが増える原因はきわめてシンプル。欲しいと思ったものを次から次に買ってしまうからです。気に入ったものを見つけたら、「欲しい」という気持ちが湧いてくるのは自然です。そこで、躊躇《ちゅうちょ》なく買ってしまうのが衝動買い。まず、これをやめる。

衝動買いは欲望を野放しにしているようなものですが、**やっかいなことに欲望には際限がない**のです。一つ手に入れたそばから、また、別のものが欲しくなる。お釈迦様も欲望についてこういっておられます。
「人間の欲望というものは、たとえヒマラヤの山をすべて黄金に変えたところで、満たされることはない」

歯止めをかけなければ、欲望は暴走するという認識をもってください。歯止めをかけるには、**「欲しい」と思ったときにひと呼吸おいて考える**ことです。そして、それが**必要なものなのか、あったらいいなと思うのか、憧れ的なものなのか、三つに分けてみる**のです。

必要なものは、なかったら困る、生活に支障をきたすわけですから、これは買えばいい。では、あったらいいと思うものはどうでしょう。これは、言い方を変えれば、なくても困らないものです。ですから、すぐには買わず、時間をおいて、じっくり、冷静にその要不要を判断することです。

あったら家事が格段に効率化する、自分が好きなことをする時間が増える、乱れがちな生活リズムがきちんと保てる……。熟慮した結果、たとえば、そんな判断になったら、買うのもいいと思います。

憧れ的なものとは、タレントさんが着ているのを見て、一度くらい着てみたいと思った洋服とか、「わぁ、素敵」と感じたフォーマルなドレスとか、です。これは、買わないと決める。なぜなら、買ってもなかなか袖を通す機会はない、と思われるからです。

タレントさんのファッションは〝見せる〟ことを強く意識しています。デザインや色、柄なども、それを基準に選ばれています。一般人が着こなすというのは、少々、無理があると思いませんか？　フォーマルなドレスについても、パーティなどそれを着るにふさわしい機会が、そうたびたびあるでしょうか。ワードローブにしまいっぱなしになる公算が大です。

欲しいものの前でこの三つの分類を実行すると、不要なもの、すぐに使わないものが増えることはなくなります。また、街頭などで配られている、ポケットティッシュに代表されるグッズもつとめて貰わないようにしましょう。つい、貰ってしまうという人が多いと思いますが、たまったグッズがかなりのスペースを占領しているケースが少なくないのです。

禅では「知足」、足るを知ることが大事だとしています。今あるもので、「もう十分にありがたい」という考え方、生き方ですが、居住空間をスッキリさせる、清々しい心で毎日を過ごす、最大のコツがこれです。

禅語を心の隅に止めておくことも、ものに惑わされないために、大きな力になるはずです。

ものが溢れるから、窮屈になる

●三年間、使わなかったら捨てる

ものが捨てられないことも、現代人の暮らしを窮屈にしています。確かに、買ったにしろ、いただいたにしろ、一度自分が所有したものを捨てるのは忍びない、という思いはあります。しかし、どうしてもものは増えていきますから、どこかで決断しないとものに埋もれた生活になりかねません。

自分なりの基準をつくったらいかがでしょう。ちょっと衣類について考えてみてください。それまでの三年間、一度も着なかった衣類をこの先着ることがあると思いますか？　おそらく答えは「ＮＯ」でしょう。であるなら、その**〝三年間〟を一つの基準にして、それを超えたものは捨てるようにする**のです。

捨てるといっても、着てくれる人がいれば差しあげればいいし、フリーマーケットに出してもいい。物資が不足している国に物資を送る活動をしているNPO法人などもありますから、そこに寄付するという手もあります。考えれば、活かす〝捨て方〟はいくらもあるはずです。

食器や身のまわりにある備品の類も、同じように考えればいいでしょう。ただし、三年間という基準にも例外はあります。たとえば、両親の形見や大切な人からいただいたもの、思い出深い品々などは、年数に関係なく、捨てがたいものです。それらは基準外として取っておけばいいのです。収納ボックスなどに入れて保管すれば、取り出したいときにいつでも取り出せます。

〝保管するもの〟という、これも一つの基準です。

もう一つの基準は〝容量〟です。ポケットティッシュ（貰わないのが原則ですが……）、イベントのパンフレット、ポスター類などは知らない間にたまってしまうものです。それらを段ボールに放り込むようにする。そして、段ボールがいっぱいになったら処分するのです。一定量になったら捨てる。これもポイントの一つです。

禅的にいえば、ものを捨てることは執着を捨てることです。執着は心を縛りますから、それを捨てることで心が解放されて自由になる。増えるままに放置していたものをスパッと捨てて、必要なものだけで暮らしていく日々を想像してみてください。伸び伸びとして心も軽々してくると思いませんか？

禅がめざすシンプル生活がそこにあります。

カードは無駄遣いのもと

●カードは使わない、現金で買う

一時、メディアでカード破産、カード地獄ということがしきりに取り沙汰されました。カードで次々にブランド品や高級品を買ったものの、返済に窮《きゅう》して利子の高い消費者金融に手を出し、今度はそれが返済できなくなって、執拗《しつよう》な取り立てに悩まされたり、はては自己破産に追い込まれたりするケースが急増したのです。

クレジットカードにも、確かに、利点はある。多額の現金を持ち歩く必要がないし、万が一紛失しても、電話一本で利用をストップできますから、不正使用される心配もほぼありません。現金を落とした場合とは、その点が大きく違います。

ただし、**カードを使う際にはお金を支払っている感覚がありません**。もっとも危険なところがそこです。現金は、あるだけしか使えませんが、カードは〝（お金が）なくても使える〟。つまり、何の手続きも手順もなしに借金ができるのです。いや、知らずに借金をしてしまうことになるといったほうがいいでしょう。カード地獄に陥った人も、おそらく、借金をしているという自覚はなかったはずです。

できるかぎり現金でものを買う。それが鉄則です。わたしも、海外に出たときはカードを利用しますが、それ以外はいっさいカードを使いません。

悩みどころは、家などの大きな買い物をするケースです。金額が嵩《かさ》みますから、現金で買うとなると、相当、長期間にわたって資金を貯めなければなりません。貯まったときには、子どもたちは独立し、夫婦二人だけになっていた、ということにもなりそうです。〝家族のため〟というのがマイホームを持ついちばんの目的だとすれば、それでは意味がないわけです。

実際、マイホームを手に入れた人のほとんどはローンを組んでいますし、それも悪くはないと思いますが、**必要なのはローンを組む金額が自分の身の丈に合っているかどうかを、必ず、考えること**。終身雇用、年功序列という雇用形態であった時代には、生涯収入も予想がつき、返済可能な額も算出できました。しかし、今は倒産、リストラも視野に入れなければなりません。収入の道が断たれる、あるいは、収入が大幅に減る、といった事態になっても、売却すればローンが完済できるか、また、当座の生活費の手当はできるか。そこまで見越して、ローンは組むべきでしょう。

ものといい縁を結ぶ

●こだわりには、お金を惜しまない

ものについて考えるとき、今は二つに分けて考える時代になっていると思います。**一つは機能だけを求める実用品**です。日常生活で使うこまごまとしたグッズ群。たとえば、キッチン用品や洗濯用品、お風呂やトイレで使うもの、メモ帳などの事務用品は、百円ショップで十分まかなえるのではないでしょうか。もちろん、高額なものもありますが、機能は変わりません。

もう一つは自分がこだわりをもっているものです。たとえば、一杯のお茶をゆったりと心ゆくまで味わいたいという人は、茶碗へのこだわりがあるはずです。**そのこだわりには惜しまずお金を使う**。気に入ったもの、趣味に合うものを、時間をかけて探し、じっくり選んで買うのです。

手にしっくりとなじみ、質感や色合いが心にしみてくるような茶碗で飲む一杯のお茶と、買い物のついでに買った安手の茶碗で飲むお茶とでは、断然、味わいが違います。前者は心まで豊かにしてくれる。

「ああ、今日もいい一日だった」

「おいしいお茶がいただけて幸せだなぁ」

そんな思いさえ湧いてくるかもしれません。**ものは単にものであることを超えて、心に寄り添ってくれる、もっといえば、人生をともに歩んでくれるのです。**

そんなものになら、少々の贅沢をしてもいいではありませんか。

筆記具にこだわりがある人は、高価でもいい万年筆を一本買う、ワインにこだわっている人は、重厚感のあるワインオープナーを買う、家具にこだわっていたら、見ているだけで心が和む椅子を一脚買う……。

禅ではものにも命があるとしています。こだわりのあるものには自然に愛着が湧きますし、愛着があればていねいに扱うことにもなります。かりに壊れても、修理をして、長く使っていくことになるでしょう。

それは、ものを使いきるということ、その命を生かしきるということ。言葉を換えれば、**ものとの縁を感じて、その縁を大事にしていくこと**です。縁は人生に彩りを添えます。ぜひ、ものといい縁を結んでください。

「今、ここ」を一所懸命生きる

●淡々と生きるのが人生

毎日、毎日、平々凡々たる一日が過ぎていく。このまま死を待つだけの人生なのか？　同じように繰り返される日々のなかで、そんな感傷にとらわれることがあるかもしれません。平たくいえば、生きている実感が持てないということなのでしょう。

しかし、平々凡々と、少し文学的（？）にいえば、**淡々と生きるのが人生**なのです。また、同じように感じられても、一つとして同じ〝淡々〟はありません。仏教では「無常」と表現しますが、世の中のあらゆるものは常に移ろいでいます。

ときも、季節も、人も……その真理のなかにある。昨日とまったく同じ仕事をしているようでも、その時間は昨日とは違う時間ですし、そこにいる自分も、また、昨日とは違っています。

どの一日も、どの時間も、どの瞬間も、その都度、そこが最初で最後なのです。禅に「即今《そっこん》、当処《とうしょ》、自己《じこ》」という言葉があります。それぞれ、「たった今」「ここで」「自分が」という意味です。

その瞬間に、そのとき置かれているその場所で、自分がやるべきことをやる。それが生きるということのすべてなのだ。わたしはこの言葉をそう解釈しています。そんなふうに生きていれば、移ろいのなかで気づきがあるのです。

昨日の自分は気づかなかったことに、昨日とは違う今日の自分が気づく。たとえば、いつもの通勤の道すがら、木の枝の蕾がふくらんでいるのに、ふと、気づいたりすることがあるかもしれません。そこで、

「あっ、花を咲かせる準備をちゃんとしている。やるべきことをこともなげ

にしている自然って、やっぱり、たいしたものだなぁ」

誰にいわれるでもなく、誰のためでもなく、ただ、淡々と本分をまっとうしている自然の営みに感動を覚えたら、それは、本分をまっとうすることのすばらしさを、その美しさを、身をもって体感することにほかなりません。

また、その自然のなかに、自然とともに、自分が生かされていることに、幸せや喜びを感じることにもなると思うのです。

それが生き方に反映することはいうまでもないでしょう。

「どんなときでも、本分を忘れず、それをまっとうすることが大切なのだな」

「今、自分が生かされていることに感謝しなければ……」

そんな思いにもなる。**気づきが人を成長させる**のです。みなさんは、悟りというものを厳しい修行を積んだ先にあるものと考えているかもしれません。しかし、そうではないのです。**気づきが悟りへのあゆみを先に進めます**。仏教に「一切衆生悉有仏性（いっさいしゅじょうことごとくぶっしょうあり)」という言葉があります。**誰もが心のなかに仏性を持っている。日常のなかのさまざまな気づきは、その仏性に気づくことなのです。**それはそのまま悟りにつながっています。「即今、当処、自己」を拠り所にして生きていきましょう。

第3章

「思い通りにならない現実」を受け入れる

「損得」「白黒」で動かない練習

思い通りにならないのがふつう

●「価値観の押しつけ」をしていると気づく

自分の思うように仕事ができない。人間関係でいえば、上司や部下が、配偶者が、恋人が……思い通りにならない。それがストレスや悩みになっているケースは、少なくないのだと思います。

しかし、**ものごとも人もそもそも思い通りにならないのがふつう**なのです。お釈迦様は「この世は苦に満ちている」とおっしゃいました。苦の根本的な原因は、じつは思い通りにならないことを、思い通りにしようとするところにあるのです。

たとえば、愛している恋人に対しても不満はあるものです。

「なぜ、こんなふうにしてくれないの？　そうしてくれたら、もっと、もっと、好きになれるのに……」

そんなことを思ったりする。自分が思っているようなふるまいや考え方をしてほしい、というわけですが、これも、思い通りにしようということでしょう。どだい、無理な話です。**思い通りにしようという背景には、「自分ならこうするのに……」という気持ちがあります。**

しかし、生まれた場所も、育った環境も、受けた教育も、**何もかも違う相手が、自分とは違う価値観や行動の尺度をもっているのは当然のこと**ではありませんか。**自分なら、自分だったら、ということを相手に求めるのは、自分の価値観や尺度の押しつけでしかありません。**

まず、その認識をもってください。すると、思い通りになったときに感謝の気持ちが湧いてきます。自分が思っている通りのことをしてくれた相手を「ありがたい」と思える。相手に対して素直に「ありがとう」といえるのです。（思い通りに）ならないことに不満を感じるのではなく、なったこと、してくれたことに感謝できたら、関係はガラリと変わります。それまで感じていたストレスや悩みの大半は消えてしまうといってもいいでしょう。

仕事の場面では、上司からの「俺のいった通りにしろ」といった命令や指示がストレスのタネになっているということがあるかもしれません。これは、相手が自分を思い通りにしようとしているケースです。

組織は縦関係の社会ですから、命令や指示にはしたがわざるを得ません。しかし、この場合は、自分の思いを貫く道があります。**命令や指示を実行するなかで、自分を打ち出していく**。自分の色を添えるといってもいいですね。

きわめてシンプルな例をあげれば、取引先の人を送るように指示されたようなとき。どういう送り方をするかは指示の範囲外でしょう。そこに自分の思いを込める。相手を玄関先まで送って踵《きびす》を返すのではなく、玄関の外まで出て、相手の姿が見えなくなるまで、お辞儀をして見送る。そのことに気づいた相手がどう感じるかは容易に想像がつくところでしょう。

「ていねいな人だなぁ。自分がほんとうに大切にされていることが伝わってくる。素敵な女性だな」

ということになる。あざやかな自分の色が添えられています。「主人公」という言葉は、もともと禅語ですが、自分が主体となってことにあたるという意味です。いつもそれを念頭において行動していれば、思い通りに〝されている〟というストレスを感じることはありませんね。

壁にぶつかったら、チャンス

●苦労に挑み、一回り成長する

昔は「苦労は買ってでもしろ」といわれたものですが、人の気質、とりわけ若い世代の気質は大きく様変わりしています。「苦労なんかしたくない」というのが、その本音でしょう。

少しまわり道をして話を進めましょう。森にはたくさんの木々が生えています。背の高い木もあれば、低い木もある。大木の下で日陰に生えている木もあるわけです。そういう木はなかなか大きくなりません。一〇〇年経っても大木とは比べものにならないほどの成長しかしないのです。

ところが、何かがあって大木が倒れたり、枯れたりすると、その木がグッグッと伸びます。日陰で耐えていた一〇〇年が、そこで、俄然、利いてくる。大きく、しかも、強い木になるのです。

参考までにいうと、材木を選ぶ際には、必ず、年輪を見ます。同じ太さの材木でも、年輪が詰まっているもののほうが、ずっと価値があるからです。五〇年でその太さになった材木と、二〇〇年かけて同じ太さになった材木では、後者のほうが圧倒的に質がいいのです。**重ねてきた「年輪＝苦労」の差**です。

苦労するから、成長する。人としての質（人格であったり、器であったり……）が高まるのです。人生には何度となく壁が立ちはだかりますが、若い世代にはその前で立ち竦《すく》んでしまったり、尻込みしてしまったりする傾向があるように思います。

たとえば、仕事で壁にぶつかると、「これは厳しい。転職しようかな」という塩梅。恋愛にしても、一度、手ひどくフラれたりすると、「恋なんてもうこりごりだわ」ということになったりする。**せっかく、苦労を積むチャン**

スを迎えているのに、もったいないことこのうえない、というのがわたしの正直な感想です。

壁は乗り越えて成長するためにあるのです。五〇歳を超えた今も米大リーグのシアトル・マリナーズに在籍し会長付特別補佐兼インストラクターとして活躍するイチロー選手にこんな言葉があります。

「壁というのは、できる人にしかやってこない。越えられる可能性がある人にしかやってこない。だから、壁があるときは、チャンスだと思っている」

胸に刻みたいフレーズです。がむしゃらでもいい。壁にぶち当たっていく気力、勇気が、壁を乗り越えるエネルギーになりますし、乗り越えることで、自分の人間性も能力も、確実に高まるのです。

〝苦労回避症候群〟といってもいいような、若者世代の現状には彼らの先輩たちの責任もあるような気がします。こんな言葉があります。

「小善は大悪に似たり、大善は非情に似たり」

その人のためになると勝手に思い込んで、安易に施す行為（小善）は、ときに相手のためにならないこともある。一方、本気で相手のことを考えておこなう行為（大善）は、ともすると情け容赦もないことのように見えることがある、というのがこの言葉の意味です。

「彼女困っているみたいだから、わたしがやってしまおう」というのが小善、「ここは突き放して、苦労してでも彼女がやってのけるのを見守ろう」というのが大善です。どちらが相手を育てるかは、いうまでもないでしょう。〝大人〟には大善のかまえをもっていただきたい。わたしの願いです。

上を見ても、下を見ても、きりがない

●足元を見つつ、向上心は高く

「井の中の蛙、大海を知らず」という諺があります。それをはじめて実感するのは、たとえば、郷里を出て首都圏の大学に入ったときなどでしょう。大学を卒業して社会人になり、つきあいの幅が広がると、さらにその実感は強まるかもしれません。

「なんか、都会の人ってみんなおしゃれだな。大学生なのに自分の車を持っている人もいるんだ。なんてリッチなの！」

「彼女は仕事もできるし、育ちもよさそう。ちょっと落ち込みそうな気分」

ふとそんな思いに襲われる。しかし、大丈夫です。**世の中は広い。上には上がいますし、下にもちゃんと下がいます。**ですから、**上を見ても、下を見**

ても、きりがない。つまり、意味がないのです。

「脚下照顧」という禅語があります。「看脚下《かんきゃっか》」というのも同じ。自分の足元をしっかり見つめなさい、という意味ですね。上を見上げても、下を見下ろしても、確かな自分の足元は見えません。**視点をピタリと足元に定めるべきです。**

自分の身の丈を知って、それに合った生き方をする。それが視点を足元に定めるということです。それぞれの「今」を引き受けて自分らしく生きる、と言い換えてもいいかもしれません。

「それはわかりますが、少しは上を見なければ、自分を高めていくことはできないのではない？」

確かにそうです。向上心は必要です。**目標をもってそれに近づこうとしなければ、自分の進歩も向上もありません。**ただし、目標をこんなふうに掲げたとしたらどうでしょうか。

「リッチになりたい。とにかくお金を稼ぐしかない」

お金儲けそのものを目標にすると、困ったことになりそうです。表現は適切ではないかもしれませんが、手段を選ばず、少々、人の道に外れたことをしてでも、ということになりかねません。品性が下劣になる。

目標にはやはり、志の高さが感じられなければいけないと思うのです。自分のやりたいことにとことん打ち込んでみよう、人のためになる仕事に一生を捧げよう、いつも世の中の役に立つことを考えていこう……。そうしたことに邁進した結果として、あとからお金がついてくる、リッチになるというのが、向上心を持って生きるということではないでしょうか。

育ちのいい彼女のような女性になることが目標なら、素敵だなと思う彼女の佇《たたず》まいやふるまい、言葉遣いが、自分の身につくように、真剣に自分磨きと取り組むことが必要でしょう。表面だけ似せてみせるというのでは、所詮はつけ焼き刃でしかなく、すぐにもお里が知れることになります。

向上していく途中にも、ときに足元を見つめて、地に着いているかどうかを確かめる。「向上心」と「脚下照顧」はワンセットです。

不幸だけの人はいない

苦境を受け入れて、気持ちを切り替える

順風満帆の時期だけが続く人生などありません。**どんな人生にも、山もあれば、谷もある。**ならしてみれば、誰の人生にも、いいことも、悪いことも、同じようにあるのだと思います。

しかし、苦境、逆境にあるときはそうは考えられないことも、また、確かです。

「なぜ、自分だけがこんなにつらさを、不幸を、しょい込むのだ」

そんな思いにとらわれてしまうのです。負の思いはいったんつかまるとやっかいです。悪いほうへ、悪いほうへとどんどん連鎖していく。心が負の思いのスパイラルに陥ることになります。

51ページで良寛さんの言葉を紹介しましたが、同じ文脈で良寛さんはこんなこともいっています。

「災難に逢う時節には、災難に逢うがよく候」

災難も、不幸も、逃れるすべがないのです。そうであるなら、受け入れていくより仕方がないでしょう。人には、とりわけ日本人にはその力が備わっています。東日本大震災後の被災者のみなさんの抑制のきいたふるまい方に、すべてを失いながら、なお、物資を届けてくれる人に「ありがとうございます」と感謝を告げる姿に、世界中から感嘆、賞賛の声が集まったことがそれを証明しています。

米国にもこんな話があります。

セロハンテープやポストイットで知られる「3M（日本法人3M・ジャパン）」は一九〇二年にミネソタ州で産声をあげました。設立当初は研磨用の鉱物の採掘事業を展開していたのですが、買った鉱山から採掘できたのは、やわらかく質の悪い、研磨には適さない石だったのです。

宝の山がクズ山に転じたのですから、完全に思惑外れです。関係者の落胆、失意は想像にあまりあります。しかし、その不幸を嘆いてばかりはいなかったのです。なんとかその〝粗悪〟な石の使い途はないか、知恵を絞った。

そして、開発されたのがサンドペーパー。世界で初となる耐水性のサンドペーパーだったのです。水を使っても砂粒が剥がれず、粉塵が立たないこのサンドペーパーは、世界的な大ヒット商品となりました。失意の底にいつまでも沈んでいることなく、切り替えて新事業に取り組んだことによる成功が、現在の3Mの礎《いしずえ》となっています。

災難や不幸に遭遇して、「なぜ、自分だけが……」というところにとどまっていたら、後ろ向きになって心は縮こまるだけです。そこから抜け出す第一歩が、受け入れるということでしょう。

受け入れると心が前を向きます。ですから、切り替えることもできるし、

知恵も出てくるのです。みなさんもご存じのはずのとっておきの諺があるではありませんか。

「禍を転じて福となす」

不幸も転じれば、必ず、幸福に結びつけることができます。朝がこない夜はありません。

人が一皮むけるコツ

●姿勢を正して、心を整えて、受けとめる

街を歩いていて、前からくる人とぶつかりそうになったときなど、身体を斜めにしてかわすと、衝突を避けてうまくやり過ごすことができます。しかし、それはあくまで身体についていえることで、心はそうはいきません。

不幸なことが起きたときに、心を斜にかまえても、不幸がすり抜けていってくれるということはないのです。それどころか、かえって不幸は心に絡みついてくる。たとえば、恋に破れたとき、

「別にいい。彼（彼女）のことなんてそんなに好きじゃなかったから……」

そういい聞かせたら、痛手は軽くなりますか？　そんなことはないでしょう。たいして〝好きでもなかった〟相手に夢中になっていた自分が寂しくも

なりますし、惨めにもなる。さらには、ほんとうは充実していたはずの、恋の渦中にあった時間まで虚しいものにならないでしょうか。

寂しさ、惨めさ、虚しさ……を心から追い払うのは、存外に難しい。いつまでもその恋を引きずり、痛手から立ち直れないことになります。

不幸は正面から受けとめるのがいいのです。心は姿勢とつながっていますから、姿勢をピシッと正すと、心も整ってきます。その整った心で受けとめましょう。受けとめたら、立ち向かう力が、必ず、湧いてきます。

それが自分を大きくしてくれる、高めてくれる試練だと思えるようになるのです。一皮むけるという言い方がありますが、人が一皮むけるためには試練をくぐり抜ける必要がある、とわたしは思っています。失恋は誰もが経験する試練です。一皮むけることができるかどうかの試金石です。

お釈迦様は入滅される前に「自灯明《じとうみょう》」という言葉を残されています。

「みずからを灯明とし、みずからを依拠として、他人を依拠とせず……」

灯明とは不幸から立ち直っていく道を照らす光です。その光はどこからもやってこない。他人が光をもたらしてくれるわけではない、というのがこの言葉がいわんとするところでしょう。

自分自身でしか、光を照らすことはできないのです。正面から受けとめないでいて、それができると思いますか？

不幸を試練と捉え、逃げずに乗り越えたら、たくさんのことが手に入ります。他人の気持ちが前よりずっとわかるようになる、いろいろなことのありがたさが感じられるようになる、受け入れがたいと思っていたことも受け入れられるようになる……。

（失恋の）悲しみを受けとめ、それを跳ね返したら、他人の悲しみにも思いを振り向けることができるようになります。やりきれなさをくぐり抜けたら、なんでもない当たり前のことに感謝する心ができてきます。**自分の心に決着をつけたら、心が少し強く、しなやかになります。**

どれもが、まさに一皮むけるということ、心が豊かになるということではありませんか。その意味でいったら、もしかすると、不幸は、案外、〝歓迎すべきもの〟といえるかもしれませんね。

人づきあいも、腹八分がよし

●誰にでもいい顔をするのはやめる

人づきあいが苦手という人が少なくありません。しかし、うまく人とつきあうための奥の手がないわけではありません。どんな誘いにも応じるというのがそれです。今日飲み会があるといわれれば、常に「ＯＫ」サインを出し、明日、食事会だといわれれば、「もちろん、行くわ」と承知する。これで、

「彼女（彼）ってほんとうにつきあいがいい。いい人ね」

ということになるのは間違いありません。いろいろなところからいつもお声がかかるわけですから、人づきあいがうまいという見方もされるでしょう。しかし、この奥の手にはデメリットも数々。とにかく出費が嵩むという

のが第一ですが、いちばんこたえるのは〝疲れる〟ということです。

四方八方に笑顔を向け、愛想を振りまくのが八方美人ですが、この美人にも憂い顔になることもあるでしょうし、顰《しか》めっ面をしたいときもあるのです。それができないしんどさは、想像にあまりあります。

誰にでもいい顔をしている自分を思ってみてください。なかには気持ちがのらない日もあるでしょうし、大勢のなかにいたくないときだってあるでしょう。**いい顔をするためには、そんなときも自分を殺さなければいけないのです。**これは、疲れます。

考えて欲しいのは、いい顔をする自分のなかには、「みんなからよく思われたい」「つきあいが悪いなんていわれたくない」という気持ちがあるということ。はっきりいって、それは〝下心〟です。偽りのない自分の心はそこにはない。

禅語の「直心《じきしん》」は、まっすぐな心という意味。それが自分の本来の心であり、できるかぎりその心で生きるのが、自分らしくあるということでしょう。気がすすまないときは断ればいい、都合が悪いときはそれを率直にいったらいいのです。

ものごとはメリハリがあってこそ、楽しさ、おもしろみもクッキリしてくるのです。つきあいだって、のべつまくなしに応じていたのでは、楽しいも、おもしろいも、ないでしょう。禅的にいえば「直心のままに対応する」という構えでいるのがいいのではないでしょうか。食事は腹八分目がよし、とされますが、つきあいもせいぜい八分目と考えておけば、心が〝重く〟なることはありません。

白か黒かだけで、決められないこともある

●一方に偏らない〝中道〟のすすめ

戦後、急速に入ってきたのが、アメリカ的な見方、考え方です。端的にいえば、合理主義、個人主義です。日本は諸手《もろて》をあげてそれを歓迎してきたかにも見えますが、じつはほんとうは日本には馴染まない、とわたしは思っています。

ものごとの白黒をはっきりつける。それが、合理主義、個人主義を基盤としたアメリカ的な見方、考え方の典型といってもいいでしょう。小学校の時代からディベートがカリキュラムに組み込まれ、相手を徹底的に言い負かす訓練をするのがアメリカの教育。多民族国家である同国では、あくまで自己主張を通すことが、生きるうえでの基本ということなのかもしれません。

宗教の影響もあるのでしょう。一神教であるキリスト教は他宗教を認めません。キリスト教が正しく、他宗教は間違っている。ここでも白か黒かがはっきりしているわけです。それが、現在も続いているイスラム国家との紛争の根っこにあることはいうまでもありません。

これに対して、**白黒をはっきりつけないのが仏教**です。仏教は白にも黒にも偏らない「中道」を説きます。お釈迦様にこんな言葉があります。

「比丘《びく》たちよ、わたしはそれら（愛欲快楽を求めることとみずからの肉体的消耗を求めること）両極端を避けた中道をはっきりと悟った。これは人の眼を開き、理解を生じさせ、心の静けさ、すぐれた智慧、正しい悟り、涅槃《ねはん》のために役立つものである」

お釈迦様は当初、苦行を積まれましたが、そこには悟りに至る道はないと気づかれ、苦行から離れた修行によって、仏陀（覚醒者）となられました。

どちらか極端な一方に偏ってものごとを見ることを、仏教では厳に戒めているのです。

日本人に馴染《なじ》んでいるのは、この仏教的な考え方でしょう。欧米からみれば、曖昧《あいまい》とも映るようですが、白黒をはっきりつけるのではなく、話し合いによって何とか双方が並び立つ落としどころを探る、というのが日本的なものごとの見方、考え方といえるのではないでしょうか。

惻隠《そくいん》の情、武士の情けという言葉もあるように、**相手を完膚《かんぷ》なきまでにたたきのめすのではなく、少しは認めていくのが伝統的な日本流**です。ものごとは一方が一〇〇％正しく、他方が一〇〇％間違っているということはないはずです。自分を主張しながらも、相手の正当性にも思いを馳せる。そこに調和も生まれると思うのです。

もちろん、弊害もあるでしょう。とくにビジネスの世界では、日本流はしばしば批判の対象になります。

「その件に関しましては、前向きに検討します」

「善処いたします」

こうした言い方は欧米のビジネスパーソンを苛立たせる。前向きというのは、やるということか、やらないということか、どちらなのだ？　善処とは「ＯＫ」か「ＮＯ」か？

確かに、ビジネスの場面では日本流に分はないかもしれません。それがビジネスを停滞させたり、誤解を生んだりすることはあるでしょう。技術論としては修正が必要でしょうし、事実、グローバル化が進む今、それはすでにおこなわれているのだと思います。

しかし、その一方で日本流も心の奥にとめておく。そこにこれからの時代を日本人として矜持《きょうじ》を持って生きるヒントが隠されているという気がするのですが……。

人生は「運」が大きく左右する

●精進して、運がやってくるのを待つ

社会人になったら、それがどんな業界、職種であれ、出世したいと思わない人はいないでしょう。仏教では無欲であれ、と教えますから、出世欲を持つこともいけないと考えるかもしれませんが、より高いところをめざしたいというのは心の自然な動きです。問題はその心をどう行動としてあらわしていくかです。

二〇一五年の初頭、企業の驚きの人事がメディアを賑わせました。日本を代表する大手商社である三井物産で、五四歳の執行役員が新社長に就任したのです。三二人抜きの大抜擢。同社では最年少社長の誕生でした。

その舞台裏で何があったのかは、門外漢のわたしには知るよしもありま

せんが、一ついえることは、**出世には、もっといってしまえば、人生には「運」が大きく働くということ**です。

もちろん、新社長の能力、人格にすぐれたものがあるだろうことは、疑う余地もありません。しかし、何人もいたはずの新社長候補のなかから、その人に白羽の矢が立った背景として、運も見逃せないと思うのです。

ここで運ということについて考えてみましょう。まず、**運についていえるのは、自分ではいかんともし難い**ということです。自分の力のおよばないところ、力を超えたところからもたらされるのが運です。

ただし、**運を引き寄せるのは、やはり、自分だということも確かでしょう**。常々どんな自分を生きているか。それで、運がいただけるか、いただけないかが、決まるのです。仏教に「精進《しょうじん》」という言葉があります。一つのことに心を込めて励むこと、一所懸命つとめることですが、運とは切っても切れない関係にあるのが、この精進ということだと思います。

精進なきところに運なし。そして、精進に我欲なし。ひと言でいえば、そういうことになるのではないでしょうか。我欲がないということは、

「これをやったら、こんな得がありそう」

「あれを手に入れるために、今、こうしている」

といった思いから離れるということです。禅で精進といえば、坐禅に取り組むことを思い浮かべる人が多いと思います。曹洞宗の坐禅は「只管打坐《しかんたざ》」といいます。その意味は、ただ、ひたすら坐るということです。何かになるため、何かを得るために坐禅をするのではないのです。

坐るというそのことだけに、ただ、ひたすら、心を込めて励む。ほかには何もないのです。精進に我欲なしとはそういうことです。

あらゆる場面でその精進を続けていく。それが運を引き寄せるもっとも基本的な条件でしょう。意味があるのは〝**運を引き寄せる**〟**ことではなく、**〝**精進を続ける**〟ということのほうです。ですから、たとえ運がもたらされ

なくても、精進することの大切さは、少しも減じられることはないのです。

心を寄せる異性にありったけの思いを傾ける。それも一つの精進です。しかし、その恋が成就するかどうかは、運の範疇ですから、自分の力を超えたところで決まります。かりに成就しなかったとしても、精進した自分を感じることができたら、それでいいではありませんか。運がもたらされる条件を整えていた人のもとには、いつか運が、必ず、やってきます。

勝つこともあれば、負けることもある

●いつも「まだまだ」の気持ちをもつ

みなさんにも「彼（彼女）に負けた！」と感じたことがあるでしょう。是非はともかく、**世の中には〝勝ち、負け〟という結果が出る状況がたくさんあります**。仕事はまさにそんな状況の連続でしょう。プライベートでは、恋の鞘当《さやあ》てなんてこともあるでしょうし、もっと俗っぽいところでは、持っているブランド品の数も競争の対象になるのかもしれません。

いずれにしても、「負けた」という感覚は、さまざまな感情の源になります。嫉妬、怨み、屈辱、自己嫌悪……いちいちあげていたらキリがないほどですが、どれもがマイナスの感情です。

どうやら、結果の受けとめ方には何か「工夫」が必要なようです。禅の修行には終わりがありません。これで完成ということがないのです。死ぬまで修行は続きます。それを教えるのが次の禅語です。

「百尺竿頭進一歩（ひゃくしゃくかんとうにいっぽをすすむ）」

百尺もある竿の先（頭）というのは、高い心の境地のことです。悟りといってもいいでしょう。しかし、たとえその境地に至っても、そこに安住していてはいけない。さらにその先に向かって一歩を進めなさい、というのがこの禅語の意味です。

常に努力を、一所懸命生きることを、怠ってはいけない。自分磨きはどこまでも続くのです。これが、生きるということの不変の大前提です。

さて、その視点で勝ち、負けという結果を考えてみると、自分磨きのなかのどこかの一点、ほんの小さな局面でたまたまあらわれたものだということになりませんか？　勝ちという結果も、負けというそれも、遠大な自分磨きの途中に遭遇した小事なのです。次の局面では勝ち、負けが入れ替わることも、もちろん、あるわけです。

負けという結果が出たとしても、それは、相手がそのとき少し前に行っていたというだけのことです。受けとめ方が見えてきました。

「そうか、この時点では自分はまだまだだなぁ」

そのように受けとめればいいのです。そして、いっそう自分磨きに真摯に取り組んでいく。**仕事の成果で誰かに水をあけられていたら、それを縮めるために自分の精いっぱいの努力をしたらいい**のです。

恋のライバルの前に一敗地《いっぱいち》にまみれても、「まだまだね」と受けとめ、次の局面に向けて、自分を磨き続ければいいのです。思いやりやさしさを深める、謙虚さを学ぶ、思いの伝え方を考えてみる、ふるまい方を見直す……。磨くべき点はいくらでもあるのではないでしょうか。

いつも「人生まだまだ」の思いで生きる。それが、いきいきとみずみずしい心で人生を重ねていくコツだ、と思っています。

我慢や不自由は心に何かをもたらす

●坐禅のなかに身を置いてみる

現代が何かにつけて便利な時代であることを否定する人はいないでしょう。便利さを謳歌することも悪いことではありません。ただし、その反面、**この時代は〝不幸〟と背中合わせだといえなくもない**、という気がするのです。

ごく日常的な例でいえば、深夜におなかがすいたとします。今は二四時間営業のコンビニエンスストアもあれば、ファミリーレストランもある。ラーメン屋さんなどもあいています。なんとも便利、簡単に空腹を満たすことができます。

コンビニもファミレスもなく、深夜営業の飲食店もなかった時代には、空腹を覚えても外に食べに行くということができなかったわけですが、我慢した末にようやくありつけた食事が、どれほどありがたく、また、おいしかったことか。その充足感、幸福感は「おなかがすいたな。ちょっとラーメンでも食べてこよう」という現在ではなかなか味わえないものだと思います。

そればかりか、いつ何時でも食べられるという便利さ、手軽さが過食や暴食にもつながり、肥満やメタボリック症候群を心配しなければいけなくなったりもします。これは、**便利さゆえの不幸**とはいえないでしょうか。

わたしが雲水《うんすい》（修行僧）として修行をしたのはずいぶん前になりますが、その修行時代は我慢と不自由の日々だったといっても、けっして過言ではありません。坐禅ひとつにしても、最初は足が痛くてとても長くは坐っていられません。食事も質素な精進料理ですから、いつも空腹に苛まれる。私が雲水修行をおこなった当時は、修行を始めてから一か月もすると脚気《かっけ》や栄養失調になり、多くの修行僧がこれらの症状に悩ませられましたが、三か月もすると、この修行生活に身体も慣れてきて、これらの症状も自然に治ってしまいました。雲水生活は、朝起きてから寝るまで、びっしりとやるべきことで埋まっていて、自由な時間などないに等しいのです。

足の痛みを辛抱し、ひもじさを我慢し、不自由さに耐える。辛抱、我慢、不自由の三点セットです。しかし、何とか坐れるようになると、達成感とともに清々しさが心に吹き込みます。ひもじさに慣れてくると、質素な食事でもいただけることが、心からありがたいと思えます。自由な時間がないことも、余計なことを考えずに、修行に打ち込むためなのだと実感するのです。

そんなわたし自身の経験からも、**我慢や不自由は心に何かをもたらすきっかけになる**のだと思います。その何かは、清々しさだったり、潤いだったたり、豊かさだったり、静けさだったり……。

もちろん、つまらない我慢をする必要はありませんし、理不尽な不自由を受け入れることはありませんが、**便利さにかまけて暮らしを野放図にしてし**

まうと、だんだん心が渇いてくるような気がします。

日本各地には坐禅会を開いている禅寺がありますし、宿坊に泊まって精進料理をいただき、坐禅や写経をして厳しい雲水修行の一端を体験するような催しもあります。一度くらいそうしたものに参加して、我慢や不自由のなかに身を置き、心のリフレッシュメントをはかったらいかがでしょう。

あるいは、禅寺を散策して、「禅の庭」にしばし佇んでみるのもいい。凛としたその風情に触れると、心に爽やかな風が流れ込みます。

結婚に適齢期なんかない

●縁がめぐってきたとき、結婚すればいい

昔は結婚適齢期ということがいわれ、男女ともある年齢になると、本人はもちろん、親や親戚などの周囲も結婚に向けていろいろ世話を焼いたものです。現在も婚活という言葉はありますが、その中身は当時とは大きく違ったものになっているようです。

概して結婚願望は薄いというのがこの時代の若者世代の特徴かもしれません。二〇一五年六月に内閣府は『結婚・家族形成に関する意識調査』の結果を公表しました。対象は二〇代、三〇代の男女ですが、それによると、現在、恋人がいない人に対して「恋人が欲しいですか?」と尋ねたところ、「欲しくない」と回答した人が三七・六%にものぼり、その理由でもっとも多

かったのが「恋愛が面倒」というものだったことが明らかになっています。

じつに**四割近くの若者が恋人を求めていない。**一時、草食系男子という言葉が流行りましたが、草食傾向は男女ともに加速しているということでしょうか。

結婚できない、あるいは、しない理由はいくつか考えられます。一つは女性の社会進出が当たり前になり、その活躍の場が広がったことがあげられるでしょう。仕事の中身も収入も男性と変わらなくなったことで、女性の意識は変わりました。

「結婚しなくても、一人で十分やっていける」

そう考える女性が増えたのです。**一人でいても、むしろ、一人でいたほうが人生を楽しめる。女性のなかでのそんな意識はますますふくらんでいるようです。**

また、かつてはよく見られた社内で恋愛をして結婚までいくケースが激減していることも、理由の一つでしょう。大手企業の顧問弁護士をしている知人に聞いた話ですが、今は社内結婚がひと頃の一〇分の一程度になっているそうです。

その背景にあるのが、気楽に女性に声をかけられないという現実。たとえば、社内の女性を食事に誘ったり、交際を申し込んだりするとします。女性の側がそれを快く思っていれば問題はないのですが、そうでない場合には、へたをすると「セクハラ」として、会社側に〝駆け込み訴え〟されるというのです。これでは男性も二の足を踏むことになります。

もちろん、女性の人権に配慮することは大切ですが、食事に誘うことも躊《ため》躇《ら》われるというのは、やはり、いきすぎという感がないでもありません。

さらに、格差が広がり、ワーキングプアと呼ばれる貧困層が増えていることも結婚に踏み切れない理由としてあげられるでしょう。

しかし、**結婚は縁とタイミング**です。**年齢にかかわりなく、その状況が**

整ったら、するのがいいと思います。禅語にこんなものがあります。

「清風拂明月　明月拂清風（せいふうめいげつをはらい　めいげつせいふうをはらう）」

清々しい風と美しい月は、そのときどきに、おたがいが主となったり客になったりしながら、一体として美しさを高め合っている、という意味です。**自分が相手を生かし、相手によって自分が生かされる、という清風と明月の関係。**これぞ「良縁」というものでしょう。**誰にでもそんな相手との出会いがある、**とわたしは思っています。

一つ忠告です。比べないこと。よく、こんな女性がいます。

「いい人なのだけれど、親友の彼のほうがイケメンなの。考えちゃうわ」

誰かの恋人と比べて、どちらがイケメンとか高収入とか……。愚の骨頂です。せっかくの良縁をみすみす逃してしまう元凶が〝比較〟だということは、深く心に刻んでおいてください。

第4章

煩悩に悩まされたら、こう抜け出す

自分の「身の丈」で生きる練習

人は身の丈以上に生きられない

●正味の自分を知る

「将来の夢は？」という問いに、小さな頃、「野球選手になりたい！」「サッカー選手！」「絶対、タレント」と無邪気に答えていた人は多いかもしれません。

その夢の実現までにはたくさんのステップがあります。

たとえば、大リーガーになりたいなら、通常は、まず、プロ野球の選手にならなければいけないですし、そのためには甲子園で活躍して、スカウトの目にとまる必要があるでしょう。

そこをクリアしても、大リーガーになれるのは氷山の一角です。サッカー選手も、タレントも、同じでしょう。どんな世界でも超一流になるには、抜きん出た才能が求められます。

ほとんどの人はその夢を早々に諦めざるを得ない。ただし、**夢の近くで生きることは努力次第でできます。**大リーグの取材記者、サッカー選手のトレーナー、タレントのマネージャーといったものがそれ。事実、子どもの頃の夢をそのようなかたちで実現している人は少なくありません。

いずれにしても、夢を、目標をもち、それに向かって、ただ、ひたむきに突き進んでいく、というのはとても素敵なことです。しかし、その一方で**「見切る」ことも大事。**言葉を換えれば、「身の丈を知る」ということです。

人は身の丈以上には生きられません。それを見誤ると妄想にとらわれる。禅は、

「莫妄想（まくもうぞう）」

妄想することなかれ、と教えます。それは、身の丈をしっかり見きわめなさい、ということでもあります。**身の丈を知って、そこで努力をするから、**

地に足がついたものになるのです。妄想の世界でいくら頑張っても、その努力は、結局、虚しいものでしかありません。

もちろん、身の丈は伸びていきます。伸びたら、今度はその身の丈で努力を重ね、さらにそれを伸ばしていく。人が向上していくとはそういうことです。

さあ、一度、自分の今の身の丈を見つめてみてください。正味の自分を知ってください。そこから踏み出す一歩だけが、確かな人生の一歩となります。

一日の生活リズムは朝で決まる

●「考えない夜」の習慣を始める

「かかわっているプロジェクトの進行がうまくいかない」

「上司とやりあってしまった」

「彼（彼女）と些細なことから喧嘩をしてしまった」

その日の昼間に起こったできごとが、夜になって、俄然、大きく膨らんでくることは誰にでもあるでしょう。心を占拠している不安、心配、後悔……が、夜の闇とともにしだいに大きくなり、その結果、なかなか寝つけない、夜中に何度も目を覚ましてしまう、ということになったりします。

そんな夜を過ごした翌朝は、当然、目覚めはよくない。じつはこれが大きな問題なのです。**一日の生活リズムは、朝で決まります**。すっきりと目覚め、清々しい気持ちで朝を迎えることができたら、そのよい流れが一日中続き、その日を快適に過ごすことができます。

そのためには、夜、寝る前は何も考えないことです。

「そうはいっても、夜にかぎっていろいろな思いがめぐってくる」

確かにそうです。ですから、〝ルール〟を決めるのです。みなさんは、お寺の山門は何のためにあるかご存じですか？　お寺の外の俗世界と内の聖なる世界を分かつ〝結界《けっかい》〟が山門なのです。神社の鳥居もそうです。

山門という結界を設けることで、そこを境に心が切り替わるのです。結界に入る心構えができるといってもいいでしょう。

生活のなかでも結界をつくる。それがルールです。たとえば、会社の出入り口、家路につく駅の改札、自宅の玄関……。**そこを結界にして、通過したら、その日、それまでにあったこと、頭のなかにある心配事、引きずっている思い、などを追い出してしまうのです。**

また、場所ではなく時間を結界にするのもいいかもしれません。夕食がすんだら、お風呂に入ったら……という塩梅です。

すぐにはできないかもしれませんが、そうつとめていれば、必ず、習慣になって結界はクッキリとしたものになります。

結界内での過ごし方は、それぞれ自分に合ったものを工夫していただければいいと思いますが、寝る前は自分がもっとも〝心地よい〟と感じることに時間を使ってください。たとえば、心が落ち着くアロマオイルを焚《た》いたり、ストレッチをゆっくりおこなったり、静かな音楽を聴いたり、画集を開いたり……。

三〇分間、心地よさのなかで憩いの時間を持ったら、その後の眠りは安らかで深いものになります。それが、翌朝の爽やかな目覚めにつながることは、いうまでもありませんね。

〝考えない夜〟の習慣、ぜひ、生活に組み入れてください。

相性のよしあしは価値観で決まる

●認められないことを受け入れる

想いを寄せている人と縁で結ばれる。もっとも気持ちが高揚するときかもしれません。暮らしに潤いが生まれるでしょうし、仕事に取り組む際の励みにもなる。しかし、なかなか思い通りにいかないのが現実です。

「好きな人に振り向いてもらえない。どうして？　わたしなら、絶対、幸せにできるのに……」

相手に対する想いが強ければ、強いほど、そんな気持ちにもなる。しかし、考えてみてください。「幸せにできる」というのはこちらの思い込みではありませんか？　だいいち、こちらが思っている〝相手の幸せ〟と、相手が感じる〝自分の幸せ〟が、同じであるわけがないのです。こんな禅語があります。

「感應道交（かんのうどうこう）」

もともとの意味は、救いを求める衆生の心と、それに応じる菩薩の心が通い合って一つになる、ということです。思いを寄せる相手ともそんな関係でありたい、と願うのが恋というものでもあるのでしょう。

しかし、すべてを包み込む菩薩には、相手と心を一つにすることができても、菩薩ならぬ人間には至難のワザ。たとえ、**すばらしく相性がいい相手であっても、ピタリと心が重なり合うということはないのです**。幸福感も違って当然です。

相性についていえば、それを決めるのは、価値観や趣味嗜好です。たとえば、お金に関する価値観。一方は入ってきたお金はパッと使ってしまうことに価値を認め、もう一方は堅実に使うことに価値があると考えているとしたら、到底、価値観を共有することはできません。双方の相性は悪いのです。

また、食事でも、こってりとした油っこい料理が好きな人と野菜中心のあっさり系が好きな人とでは、相性は合いません。ライフスタイルも、休日は外に出かけて活動的に過ごしたい人と本でも読んで静かな時間を持ちたいという人とでは、ともに楽しく過ごすのは難しいでしょう。

価値観や趣味嗜好をどのくらい共有できるか、あるいは、できないのか。それが、相性がいい、悪いということです。前述したように一〇〇%共有することは不可能です。**共有できるところが六〇%、七〇%あったら、相性はとてもいい、**ということになるのだと思います。

「それでは、共有できない部分は放っておいていいの？」

そこが肝心なところです。**共有できないということは、それぞれ、相手に"認めてもらえない"ということでしょう。それをそのまま受け入れる**ことが大切です。認めてもらえないことを、何とか認めてもらおう、認めさせようとするから、おかしなことになるのです。受け入れてしまえば、こう思えるようになります。

「ここは認めてもらえない、わかってもらえないのだから、あまり強く主張するのは控えよう。ときには自分を抑えて、相手に合わせてもいいな」

歩み寄りの姿勢がおたがいのなかに生まれるのです。人間関係には距離感が必要です。恋愛でもそのことは変わりません。認めてもらえないことを受け入れることは、絶妙な距離感を保つための最重要ポイントです。

みなさん、いい恋をしてください。

老いは「円熟」している証拠

●自分の年を受け入れる

「いつまでも、二〇歳の頃のような若々しさを保ちたい」

ある年代を過ぎ、老いを感じ始めるようになった人に共通するのは、きっとそんな思いでしょう。女性なら「若いときのような肌のままで、いつまでも美しくいたい」、男性だったら「昔のような、エネルギーと体力、勢いを取り戻したい！」と考えるかもしれません。

しかし、**どんなに抗《あらが》っても、移ろいでいくときの流れをとめることはできません。**そこに、悩みや苦しみが生まれるのです。若さを保ちたい、と思えば思うほど、若さに対する執着が起こります。美しさを永遠のものにしたい、とすればするほど、現実との〝差〟に悩み、苦しくなる。

老いはときの流れがもたらす必然です。ですから、**潔く受け入れて、そのうえで老いとのつきあい方を探っていけばいい**のです。それが上手に歳を重ねることだ、とわたしは思っています。次の禅語があります。

「閑古錐（かんこすい）」

長い間使われて古くなった錐《きり》は、刃先も丸くなり、穴を開けるという目的だけを考えれば、使い勝手はよくない。しかし、使い込まれてきたからこその味わいがある。黒光りする胴は風格すら感じさせる、という意味です。

人についても同じことがいえるのではないでしょうか。確かに、活力や体力、勢いは衰えるかもしれません。しかし、積み重ねてきた経験がありますﾞ。その経験を通して培ってきた知恵がある。それらが、風格を醸し出すのです。また、禅にはこんな言葉もあります。

「枯高（ここう）」

その意味は、枯れ長けて強い、ということです。喩《たと》えていえば、老いた松の風情といったらいいでしょうか。若い松は力強く奔放に枝を伸ばし、あざやかな緑の葉を繁らせています。それも美しい姿です。

しかし、幾多の風雪をくぐり抜けるうちに、枝も朽ち、葉も陰りを帯びてきます。そこには違う美しさが備わっている。それは、若い松にはない落ち着いた存在感、これ見よがしではない、練れた美しさとでもいったらいいような美しさです。そんな老松の風情が枯高です。

閑古錐も枯高も、年月をかけてこそ醸成されるものでしょう。老いてはじめて到達できる薫り高い心の境地といってもいい。それを円熟というのです。**歳を重ねていくことは、円熟味を増していくことです。**

ある年齢から先は、生き方が顔をつくるといわれます。実際、男女を問わず、年を経るごとにいい顔になっていく人がいます。表情に深みのある品格を添えるのも円熟なのです。

老いや衰えをマイナスと捉えるのではなく、〝円熟〟という視点でプラスに転じてください。それが、禅の考え方の真骨頂です。

専業主婦も立派な仕事

●自分が置かれている場所で精いっぱいを尽くす

「このまま、一介の専業主婦で一生を終えていいのだろうか？」

結婚を機に仕事を辞め、出産、子育ての期間を専業主婦として過ごし、子育てが一段落して「さあ、これからどうしよう？」と考え始める頃、こんな思いを抱く女性は多いのかもしれません。

実際、子どもの手が離れた頃から仕事に復帰する人も増えています。しかし、その働き方はパートなどの非正規雇用がほとんど。やりがいという点では、満たされないものを感じているケースが少なくないようです。

社会から切り離された存在。専業主婦であることをそんなふうに捉えたり、仕事をしていないと、社会の一員ではないかのような感覚をもったり、しているのでしょうか。

確かに、社会の風潮は女性の活躍を称賛しますし、起業するとか、NPO（特定非営利活動法人）を立ち上げるとか、積極的に〝社会参加〟することを後押ししています。

そんな〝主婦〟の存在を知ると、内心焦りを感じ、そうした人たちに羨望を抱くのかもしれません。こんな禅語があります。

「大地黄金（だいちおうごん）」

自分が置かれている場所で、精いっぱいを尽くすと、そこが黄金のように光り輝いてくる、という意味です。つまり、**光り輝く場所は、見つけるのではない、いる場所をほかでもない自分が輝かせるのだ**、と禅語はいっています。

専業主婦としての自分を、今いる場所を輝かせる存在として、一度、見直してみてはいかがでしょうか。いる場所が輝けば、自分も輝いてきます。

いきいきと毎日を暮らす。それが、最大のポイントでしょう。**仕事を持っている、持っていない、ということとは、いきいきと生きることとは関係ないのです。**

「掃除や収納なら、好きだし、自信がある！」

「子どもたちにとって安全な街づくりのために、積極的に地域の活動に参加している」

そんな専業主婦はいきいきとしていないでしょうか。家族のために家事をていねいにこなす、心を込めて子育てをする。地域に貢献する……。社会の第一線で活躍することとは、かたちこそ違っていますが、それも立派な〝仕事〟です。

それが何であれ、精いっぱい自分の仕事と取り組んでいたら、いきいきとしないはずがないではありませんか。こんな言葉もあります。

「花紅柳緑（はなはくれない　やなぎはみどり）」

花は紅色に咲くから、柳は緑の葉を繁らせるから、どちらも美しいのです。そこにはそれぞれに自分の本分をまっとうしている姿があります。花は柳を羨むことも、蔑《さげす》むこともないし、その逆も、また、ありません。

もちろん、出産、子育てを経て仕事に復帰するしくみを整備する必要はあるでしょう。わたしは、出産、子育ての期間を単なる休職期間ではなく、キャリアを積んでいる期間として認め、企業側がしかるべきポストを用意すべきだ、と考えています。出産、子育ての経験が、たとえば、商品開発やサービスなどに活かせるはずだからです。しかし、それは政治の課題です。

それはひとまず措《お》くとして、いま一度、肝に銘じてください。大地は今みなさんがいるその場所、そこを黄金に輝かせるのはみなさん自身です。

人生に勝ち負けなんかない

●納得感をもって力を尽くす

意識しているか否かにかかわらず、現代を生きる誰もが競争原理のなかに投げ込まれています。

「今月の営業成績も彼に勝った」

「彼女のファッション素敵。負けたわ！」

どんなことにも勝ち、負けがついてくる。もちろん、勝ってさらに意欲が高まる、負けて頑張る気持ちが湧いてくる、ということはありますから、競争が一概に悪いと断じることはできません。

しかし、**人生という長いスパンで見れば、勝ちも負けも、一瞬の結果にしかすぎない**のです。次の瞬間には、勝ちが負けに、負けが勝ちに、転じることなどいくらだってあります。連戦連勝という人生も、連敗続きの人生もありません。禅語にこんなものがあります。

「結果自然成（けっかじねんになる）」

結果は自然にもたらされるものだから、自分でどうにかできるわけではない、というのがその意味です。できることは、そのときの自分のありったけの力を尽くすことだけです。その結果が勝ちだろうが、負けだろうが、自分ではどうにもできないのですから、これは放っておくしかありません。

勝ちを強く意識していると、そのことがわからなくなる。結果に縛られてしまうといってもいいでしょう。勝った、負けた、ということで右往左往することになるのです。そして、本来、大切であるはずのプロセスが軽んじられる。

そこに充実感があるでしょうか。いつも、「全力でやったな」と思える生き方と、「どうしても勝たなければ……」と力みかえった生き方とでは、どちらが心豊かでしょう。どちらが美しいでしょう。もう、みなさんのなかで、答えははっきりしているのではありませんか？

勝って驕《おご》らず、負けて腐らず、という言葉がありますが、**力を尽くしている自分を感じていたら、勝ち、負けによって、驕《おご》ることも、腐ることもないのです。納得感をもって力強く次に踏み出すことができるのです。**

健康であれば、そんなにお金はいらない

●まず、「動こう」という意識を持つ

老後に何の不安もない人は、おそらくいないでしょう。

「貯蓄も少ないし、年金もあてにできない。ちゃんと暮らしていけるだろうか？」

「病気にならないか心配。もし、認知症にでもなったら……」

仕事の第一線から退けば、それまでの収入もなくなり、年金が家計を支える柱になります。その年金も、今のご時世では、支給年齢が引き上げられるかもしれませんし、支給額にも安定は望めない。不安は募るばかりです。

健康についての不安も歳とともに増してきます。身体のあちらこちらに不具合が出てくるでしょうし、万一、寝たきりになったり、認知症になったり

したら、家族の負担も大きなものになります。

不安に拍車をかけるのがメディアです。〝安心な老後〟のために必要とされるお金の試算情報をこれでもかというくらい発信する。それも、「こんなにかかるの！」という金額がほとんどです。

確かに、**お金と健康は老後の二大不安ですが、健康であったら、それほどお金はかかるでしょうか**。たとえば、都会暮らしをやめて田舎に住む。住宅費ははるかに軽減されますし、自分で野菜でもつくれば、自給自足に近い生活だって、できない相談ではありません。

しかも、**お金と違って健康はある程度自分でコントロールできます。基本はとにかく動くことです**。定年後に一気に老け込み、健康を損なう人がいますが、いちばんの原因は動かないことでしょう。

朝はいつまでも寝ていて、日がな観るでもなくテレビを観て過ごす。そんな生活を続けていれば、散歩に出るのも面倒くさくなり、人と会うのも億劫《おっくう》になってくる。動く機会がめっきり減るのです。当然、足腰は弱ってきますし、気持ちだって内向きになります。それでますます動かなくなる。まさしく悪循環です。

まず、「動こう」という意識を持つことです。それが、自分がやりたいこと、エネルギーを注げることを見つけることにもつながります。やるべきことがあれば、それを中心に生活も規則正しいものになってきます。それ以上の〝健康法〟はありません。

「無常迅速（むじょうじんそく）」

ときはあっという間に移り変わっていく。一時たりともムダにしてはいけない、という意味の禅語です。それは、現役世代であろうと、退職後の世代であろうと、少しも変わりません。

仕事に定年はあっても、人生に定年はないのです。生きているかぎり、どの一時も一所懸命に生きなければいけません。そのための土台も、やはり、健康であるということでしょう。

健康にまさる財産なし。老後資金の情報に惑わされることなく、健康を保って身体も頭も動かしていたら、いたずらに不安に駆られることはないのです。

賭け事で財をなした人はいない

●賭け事は「損をしてもいい範囲」で楽しむ

さる上場企業の創業家三代目が、カジノにはまり、子会社から一〇〇億円を超えるお金を引き出したという事件は、まだ、記憶に新しいところです。カジノで負けて借金がふくらみ、その返済のためにさらに賭け事を繰り返した挙げ句のことのようですが、その途方もない額には誰もが驚愕したに違いありません。

仏教では「三毒」をもっとも根本的な煩悩としています。**「貪（とん）」「瞋（じん）」「癡（ち）」がその三つの毒**です。

「貪」は欲しいものを貪《むさぼ》るように手に入れようとする欲の心、「瞋」は怒りを露わにし、人にぶつける怒りの心、「癡」はものごとの道理がわからず、愚かな言動をしてしまう無知の心、をいいます。人は誰でもこの三毒にからめとられる危険を孕《はら》んでいます。ですから、仏教は三毒の克服を繰り返し諭すのです。

賭け事で一旗揚げようと考える人は、貪を克服できていない、貪から離れられないということでしょう。お金は〝貪るもの〟の象徴です。みなさんは、賭け事で財をなしたという話を聞いたことがありますか？　一時的には大金が転がり込むことがあるかもしれません。

しかし、**それは欲の心をさらに煽ることになる**のです。「よぉし、もっと稼いでやろう」。一方、賭け事に負ければ、「今度は取り返してやる」ということになって、負けがさらに嵩むことになる。

どちらにしても、御曹司の轍《てつ》を踏むことになるのは必定です。昔から、賭け事で田畑を売り払った、大店を潰したといった話は、枚挙にいとまがありません。歴史が賭け事の怖さを証明している、といってもいいでしょう。

日本でも認められている賭け事はありますし、海外にはカジノ公認という国もありますから、遊び感覚で楽しむというレベルなら、やるのもかまわないと思います。ただし、**〝損をしてもいい〟金額の範囲**で、というのが鉄則です。それを超えると遊びでも楽しみでもなくなってしまいます。あとは貪の深みにはまるばかりです。

そう、そう、こんな諺も胸に置いておくといいかもしれません。

「悪銭身につかず」

何もなくても、幸せになれる

●社会のため、人のためになることをする

宝くじの当選金が高額になっています。その分、〝夢〟もふくらむのでしょう。

「家を買って、高級外車に乗り換えて。世界一周の船の旅も悪くないな」

「脱サラして、起業するのも、いいかもしれない」

もちろん、宝くじに当たる確率が天文学的な低さであることは、誰もが承知しています。ですから、当選番号が決まるまでのしばしの間、思い思いの夢を楽しんだらいいのです。それが宝くじとのつきあい方の原則です。

さまざまなことを考えなければいけないのは、むしろ、万が一当たったときだといえるかもしれません。こんな話を聞いたことがあります。ある会社

で億単位の宝くじに当たった人がいた。本人は公にはしていなかったのですが、なぜか知られるところとなったのです。

〝予想〟されたことですが、周囲からの大攻勢が始まりました。「ご馳走してよ」「お金を貸してくれない？」。金融機関からは「ぜひ、預金をお願いします」と執拗な勧誘が続いたといいます。

煩わしさからでしょうか。その人は会社にいられなくなって退社。その後、仕事も手につかなくなったと聞いています。

思わぬ大金を手にすると、状況が一変します。周囲の人たちも変わるし、自分自身も変わらないではいられない。日本の曹洞宗の宗祖・道元禅師は常々、「清貧であれ」とおっしゃっていたと伝わっていますが、**人のほんとうの幸せは、清らかな心で、何も持たないで生きていることのなかにある**ということでしょう。

そのことを腹に据えておくと、大金にもいたずらに迷わされることがなくなる気がします。ある程度は自分や家族のために使うとしても、残りは社会のため、人のために使おうという気持ちにもなる。

たとえば、住んでいる街に小さな図書館をつくったり、自分の名前を冠した「〇〇基金」のようなものを設定して、必要な人に使っていただいたり……。いわば、慈善事業ですが、**人のもっとも大きな喜びは、自分の行為を他人が喜んでくれること、感謝してくれることにある**のです。

それは、自分だけのために使って贅沢三昧をすることではけっして味わえない最上の喜びです。道元禅師にはこんな言葉もあります。

「放てば、手に満てり」

坐禅に打ち込み、思いを手放し、執着を捨ててしまえば、心が軽くなって、真理と一つになったすばらしい境地が手に入るのだ、ということです。抱え込んでいるうちは、思いはどんどんふくらみ、執着が執着を呼ぶのです。ものごとはすべからくそう。お金だって同じです。

もっとも、当たる確率は天文学的な低さ。どうぞ、しばしの夢を十分に楽しんでください。

「あがり症」は呼吸で抑える

●姿勢を正し、丹田呼吸で心を整える

人前で話すのが苦手という人は少なくないでしょう。本番直前になると、緊張のあまり、心臓はバクバク、脚はガクガクして、全身から汗がどっと噴き出してくる。いわゆる〝あがる〟という状態です。まあ、友人の結婚式といったシチュエーションなら、少しくらいのどぎまぎスピーチはご愛敬のうちですから、かえって巧まざる演出という効果があるかもしれません。

しかし、クライアントを前にしたプレゼンテーションやあらたまった席でのスピーチとなるとそうはいきません。話し方しだいでプレゼンの成否が決まったり、列席者に対して礼を失することになったりしかねないからです。

古来、緊張をほぐす方法として知られているのが、手のひらに「人」とい

う字を書いて呑み込むというもの。人を呑んでかかればあがらないというわけですが、その効果は〝気やすめ〟の域を出ません。

ここは呼吸です。

緊張しているときの呼吸は、浅く速い胸式呼吸になっています。姿勢も前かがみになって、肩にも力が入っているはずです。それを深い腹式呼吸に変えるのです。坐禅でいう**丹田《たんでん》呼吸**です。

まず、背筋を伸ばして姿勢を整えます。姿勢を正さないと深い呼吸はできません。意識するのはおへその下二寸五分（約七・五センチ）の位置にある丹田。その丹田からすべて空気を外に出すつもりで息を吐ききります。

丹田呼吸のポイントは吐ききることにあります。吐ききったら、空気は自然に入ってきますから、吸うことを意識する必要はありません。ただ、息を丹田にまで落とすことに集中しましょう。その要領で数回、深く、深く、呼吸をしてください。

それだけで、肩の力が抜け、緊張がほどけて、スーッと気持ちが落ち着いてきます。**緊張感を取り除こうと、直接、心に働きかけても、なかなかうまくはいきません。**かえって、緊張感が増すばかりとなる。姿勢、呼吸、心の三つは深くかかわり合っています。ですから、姿勢を正し、呼吸を整えると、心も静かに整ってくるのです。

生活のなかに緊張する場面はいろいろあるでしょう。禅に裏打ちされたこの心の整え方を知っておくと、難局を乗り切る大きな味方になります。はじめて恋人の実家を訪れるときなどにも、どうぞ、実践してください。

第5章

嫌われても、やるべきことはやる

「いい人間関係」をつくる練習

いい人になんか、ならなくていい

●「脱いい人宣言」をする

人と人とのつながりは大切です。それだけに、人間関係にまつわる悩みを抱えている人が多いことも確か。人と会うとひどく疲れてしまう、人と会うのが怖い、という人も少なくないようです。

人といると疲れたり、会うことに恐怖心を覚えたりするのはなぜでしょうか。自意識が強いからだという気がわたしにはします。どんな自意識かといえば、相手にとって〝いい人〟に映る自分でいたいという思いでしょう。

人はさまざまですから、いい人といっても、相手によってそれぞれです。やさしい人をいい人と思う人もいれば、芯の強い人をいい人と感じる人もいる。いい人の判定基準がアグレッシブに生きているかどうか、だとする人もいるでしょうし、控えめ、慎ましいことが基準になっている人もいるはずです。

まさに十人十色。**一〇人の人がいれば、それこそ一〇通りのいい人像がある**わけです。さあ、そんな複雑で、しかも多岐にわたる人間関係のなかで、常にいい人、誰にとってもいい人でいるなんてことができるでしょうか。

できません。そうであるなら、**いい人でいることをあきらめればいい**のです。禅でいう「あきらめる」は、「諦める」ではありません。「明らめる」です。つまり、**いい人でなんかいられないことを、できないことはできないのだということを、明らかにすることです**。できないことをしようとするから、疲れたり、怖くなったりするのです。「できないからしない！」と腹を括《くく》ってしまえば、何のことはないのです。

「明歴々《めいれきれき》露堂々《ろどうどう》」という禅語があります。すべてが明らかになって、隠すところなくあらわれているという意味ですが、それが自然の姿であり、真理もそこにあるのです。

素の自分でいればいい、あるがままの姿で生きたらいいのです。そのうえで、自分のよさを伸ばしていく。少々、おっちょこちょいではあるけれど、何くれとなく人の世話を焼くという人なら、その面倒見のよさに磨きをかけるのです。すると、おっちょこちょいという面も、愛すべき人間味になってきます。

ぜひ、みずからの内で〝脱いい人宣言〟をしてください。肩の力が抜けて、ずっと、ずっと、伸びやかに生きられます。

やらなかったから、後悔する

●凛とした姿勢が信頼を生む

人の顔色を見る。誰にでも少なからず、そんなところがあるはずです。仕事のミーティングでも上司がいった意見に対して、まっこうから反論するのは難しいものです。

「こんなことをいったら、嫌われやしないかな？」

という思いが先にたって、口を噤《つぐ》んでしまうことになる。しかし、その意見が明らかに実情にそぐわなかったり、偏った情報をベースにしたものだったりしたら、やはり、**いうべきことはいうのが筋**です。

イエスマンでいるのはラクですし、容易《たやす》いことですが、イエスマンばかりに囲まれたトップやリーダーが、会社の方向性や経営方針を誤ってしまうという例は、枚挙にいとまがないほどではありませんか。

筋を通すことで、一時的には評価が下がったり、嫌われたりすることがあるかもしれません。しかし、正しい進言や具申であれば、いずれはこうなる。

「あのときはっきり意見をいってくれてよかったよ。それで軌道修正したおかげで、こんな成果が得られた。ありがとう」

やるべきことをやる、いうべきことをいう、勇気をくれる禅語を一つ紹介しましょう。

「厳谷裁松（げんこくにまつをうえる）」

臨済義玄《ぎげん》禅師と黄檗希運《おうばくきうん》禅師との間のやり取りから生まれたものです。臨済禅師が岩だらけの険しい谷に松を植えているのを見た黄檗禅師が尋ねます。

「このような深山に松など植えて、なんとするつもりなのだ？」

臨済禅師の答えはこんなものでした。

「一つには山門の境致となし、二つには後人のための標榜となさん」

一つは山門の景観を整えるため、二つにはのちの人びとの道標とするため、松を植えているのだというわけです。松は育つのに月日が必要です。臨済禅師の考えている目的が叶うまでには、五〇年、一〇〇年かかるかもしれません。もちろん、臨済禅師自身がそれを確かめることはできませんし、今は松を植えることを評価してくれる人など誰一人いないかもしれません。

しかし、**正しいと信じるなら、それはやるべきことであり、断固、やることに意味があるのだ**、というのがこの禅語がいわんとするところです。評価などされなくても、たとえ後ろ指を指されても、やるべきことはやるのが、禅的な生き方といってもいいでしょう。

それは信頼感にもつながります。みなさんが親しい人に、たとえば、恋の悩みでもいい、何か相談事をしたとします。そのとき、

「大丈夫、大丈夫。あなたならきっとうまくいくわよ」

と〝いいこと〟ばかりをいってくれる人と、

「話を聞くと、彼にあまりいい印象は持てないな。やめたほうがいいと思う」

と〝厳しい〟言葉を率直に告げてくれる人と、どちらが信頼できますか？

答えはおのずから明らかでしょう。徳川家康にこんな言葉があります。

「主人に諫言《かんげん》するのは、一番槍よりも難しい」

確かに、諫言するには勇気がいります。だからこそ、それができる人であってください。そこに凜とした生き方があります。

「みんな言ってますよ」に反応しない

●自分の目と心で真実を見きわめる

みなさんが何か発言したり、行動を起こしたりする際の拠り所となっているのは何でしょう。「信念!」と自信を持っていえれば、文句のつけようがありません。しかし、そこまでの硬骨漢は圧倒的に少数派だと思います。デビュー当時のビートたけしさんにこんなギャグがありました。

「赤信号　みんなで渡れば　怖くない」

この〝みんな〟がじつは多くの場面で言動の規範となっています。いちばんわかりやすい例がブランド品でしょう。「みんなが持っている」ということで、どっと買いに走る。メディアもそれを煽ることになります。その結果、特定のブランドが時代のトレンドになったりするわけです。

「世論」といわれるものがつくられるのも、同じ図式です。「みんなが言っている」という〝情報〟がしだいに（あるいは、またたくまに）広まって民の声ということになっていく。そして、人びとの言動を左右するようになるのです。

自民党から民主党への政権交代がまさにそれでした。自民党はダメだと「みんなが言っている」という世論に引っぱられて、有権者の多くが民主党に票を投じました。マニフェストを熟読して、民主党の政策に共感し、投票したという人はどれほどいたでしょうか。そして、次の総選挙ではまったく逆の現象が起きた。民主党はダメだと「みんなが言っている」という流れが起きて自民党政権が復活したのです。

「みんなが持っている」というのは子どもたちの殺し文句。これにのせられて親は小学生にも携帯電話を買い与えたりすることになります。

トレンドといい、世論といい、根拠を探ってみればこのように希薄なものでしかないのです。大河の源流をたどれば小さな湧水に行き当たるように、世の中の流れもちょっとしたきっかけで大きなうねりとなるのだと思います。

もちろん、それを無視すべきだとまではいいませんが、逐一反応していたのでは、自分を見失うことにもなりそうです。

人間関係でも、しばしば「みんなが言っている」が登場します。

「彼女ってあんなに取り澄ましているけれど、だらしがないんだって。部屋なんかゴミ屋敷みたいらしい。だって、みんながそう言っているもの」

危ない、危ない。これを真に受けたら確実に彼女を色眼鏡で見ることになります。だらしがないというバイアスをかけたら、どんな人だってそう見えてくるものです。仕事が忙しくて、たまたま、ほんとうにたまたま、彼女のデスクの上が散らかっていたら、「ふ〜ん、やっぱりね」ということになりませんか？

なんなら、「みんなって、誰と誰と誰のこと？」と聞いてみたらいいのです。おそらく、相手は言葉に詰まって、まともな答えは返ってきません。「みんなが〜」は少しそんな空気が漂っているのかな、というくらいに捉えて、あとは聞き流したらいかがでしょう。

「面授《めんじゅ》」という禅語は、大切なことはしっかり顔と顔を合わせて伝えなければいけない、と教えています。人もそうです。**その人がどんな人なのかは、自分がきちんと向き合って判断すべきでしょう。**

拠り所は自分の目と心です。どうか、澄みきった目とまっさらな心で、相手を見つめてください。

嫌だと思っているから、嫌になる

●悪いところではなく、いいところを探してみる

人の人格も個性もさまざまですから、「この人、自分とは合わないな」「どうしても好きになれそうもない」と感じる人がいても不思議はありません。プライベートな関係なら、利害もないわけですから、相性が悪い相手とは無理をしてまでつきあう必要もありませんし、徐々に距離をおいていって、つきあいを断ってしまえばいい。

しかし、仕事のうえでのつきあいではそうはいきません。相手が自分の仕事に深くかかわっているキーパーソンであったりした場合、「あの人とは一緒に仕事をしたくない」とはいえないでしょうし、かりにいっても、それが受け入れられるとは考えられません。

いうまでもないことですが、ビジネスの場はお友だちをつくるところではなく、好き嫌いに関係なく、成果をあげるためにパートナーシップを結ぶところです。

まず、なぜ、相性が悪いのか、嫌だと感じるのか、を考えてみることです。一挙手一投足が我慢できない、生理的に受けつけない、ということであると、関係を好転させるのは難しい。ほとんど不可能といっていいでしょう。しかし、そこまでの人はふつうそうはいないはずです。

高飛車なものの言い方が気に入らない、がさつなふるまいが神経を逆なでする、独りよがりがすぎて苛立ちを覚える……。なかには、いい子ぶりっこがたまらなく不愉快、といったこともあるかもしれません。

いったん、相手の嫌なところが目につくと、ついつい、いつもそこにフォーカスしてしまうということになりがちです。**ここは意識して焦点をずらしてみましょう。**高飛車なものいいでも、いっている内容はどうなのか？

がさつでも心根はどうか？　独りよがりに見えても、仕事ぶりは？　ぶりっこでも何か見るべき点は？……。

人は多面的ですから、別の角度から見ると、意外な面を発見できることが少なくないのです。こんな禅語があります。

「悟無好悪（さとればこうおなし）」

あるがままを認めれば、好きとか嫌いということはない、という意味。さあ、相手のあるがままを認めましょう。高飛車でも、いっていることは理にかなっている、筋が通っているということもあるでしょうし、ふるまいはがさつでもどこかにやさしさが垣間見えることがあるかもしれません。

独りよがりとばかり思っていた人が、じっと目を凝らしてみたら、斬新なアイディアやユニークな発想の持ち主だということもある。また、ぶりっこに見えても、案外、こまやかな気遣いができたりすることだってあると思うのです。

それらも、その人のあるがままです。それを認めると、相手に対する印象は違ってこないでしょうか。無理に好きになることはないのです。相手に〝いいところ〟を見つけることができたら、好きとか嫌いとかということを超えて、淡々とした人間関係を結ぶことができます。

ストレスを感じることもないし、心が塞ぐこともなくなります。仕事のうえでのつきあいに、それ以上望むことがありますか？

手柄なんて、人にあげればいい

●お天道様を信じて吉報を待つ

自分が一所懸命に取り組んで成果をあげた仕事は自信にもつながりますし、誇りとして自分史にも刻まれるでしょう。しかし、ときとしてそれに水をさされることがあります。みなさんの周囲にこんなタイプの上司はいませんか？

何度も、何度も、取引先に足を運び、交渉を重ねて、ようやくまとめた仕事を、ちゃっかり自分の手柄にしてしまう。

「いやあ、先方の条件が厳しかったので苦労しましたが、何とかこちらの有利なところで決着しました」

苦労したのも、決着させたのも自分なのに、直属の課長が部長にそう報告をしていたら、腹も立ちますし、やる気も失せます。そんな上司の下に配属されたことを、恨むこともあるでしょう。

しかし、組織の一員でいる以上、人事は自分の手の届かないところにあります。むかっ腹を立てても、怨みを募らせても、いかんともし難い。ここは、**気持ちを鎮める方策をとるのがいちばん**です。日本には古くからいわれている次のような表現があるのをご存じですか？

「お天道様《てんとうさま》が見ている」

若い世代には馴染みがないかもしれませんが、誰が見ていなくても、天はきっと見ている、何もかもお見通しなのだ、ということです。これは、かつての日本人を律するものでもありました。

「お天道様が見ているから、ずるいことはできない」

「見ているお天道様に恥ずかしくない生き方をしなければ……」

心のどこかにお天道様を感じながら生きていたのが日本人なのです。もちろん、手柄の横取りもお天道様は見ています。その報いは遠からずやってきます。一緒に仕事をしていれば、上司がどんなふるまいをする人間であるかを、部下たちは敏感に感じるものです。「あっ、また、手柄の独り占めだよ」ということが続けば、一人、また、一人と、部下の心は上司から離れていきます。

上司と部下という関係はそのままでも、部下にそっぽを向かれた上司は惨めです。協力体制が崩壊するからです。ここで、手柄を独り占めにしてきたことが仇になるのです。それが部下から掠《かす》めとったものであれ、実績があるわけですから、大きな仕事をまかされることにもなります。しかし、部下からは総スカン。誰の協力も得られません。当然、仕事は不首尾に終わり、上司の評価は急降下となるのは必定です。管理職としての資質を問われ、降格ということにもなるでしょう。

これがお天道様のお裁《さば》きです。ですから、**腹を立てたり、怨んだりしない**

で、ことの顛末を静かに見ていたらいいのです。その平静さが自分の株をあげることになります。

「どう見ても彼（彼女）の実績なのに、課長のいいとこ取りは相変わらずだな。それにしても、手柄を取られても平然としている彼（彼女）は、並みの器量じゃないね。度量が大きい」

周囲からそんな声があがります。それは上層部の知るところとなり、重要プロジェクトのメンバーに抜擢されたり、しかるべきポストが用意されたり、ということになるはずです。手柄など、欲しがる人にあげてしまいましょう。

人に裏切られても、自分は裏切らない

その怒りや怨みを内省に転じる

仏教にこんな言葉があります。

「善因善果《ぜんいんぜんか》、悪因悪果《あくいんあっか》」

想像はつくと思いますが、善いおこないをすれば、善い結果がもたらされ、悪いことをすれば、悪い結果に終わる、ということです。さて、みなさんがいちばん傷つくのは、深く落ち込むのは、どのようなときでしょう。

個人差はあると思いますが、人に裏切られたときの心の痛手は、誰にとっても大きいのではないでしょうか。しかし、仏教の教えにしたがえば、その原因は自分にあることになります。納得できない、と感じている人も少なくないでしょう。

事実、自分にはどんな落ち度も思い当たらないのに、手ひどい裏切りに遭うというケースもあります。親友だと信じて大切にしてきた友人、想いを一途に傾けてきた恋人……。そんな相手に裏切られることもある。

許せないという気持ちになって当然です。しかし、**同時に、いつまでもそこにとどまっていないで、自分自身を省みることも大事なのだ**、とこの言葉は教えているようにも思えます。

親友ということに甘えて、心配りを忘れていなかっただろうか？　恋人同士という関係のなかで、わがままにふるまってばかりいなかったか？　もちろん、悪意などない小さな身勝手です。

しかし、**些細なことが相手の心に裏切りの種を蒔《ま》くことになったかもしれない**。あり得ないことではありません。その種が芽吹き、育って、相手に裏切るという行動をとらせたとしたら、自分にも「因なし」とはいえないのではないでしょうか。

裏切ったほうが悪いに決まっています。しかし、その怒りや怨みを引きずるのではなく、みずからの内省に転じる。そんなところにも、禅的な考え方の醍醐味があるという気がするのです。

そして、**自分は人を裏切ることはしない。いつも誠意をもって相手と接していくこと**です。誠意あふれる人を裏切ることは、ふつうの人にはできません。裏切られないためのいちばんシンプルで、しかも効果的な方法はその生き方です。

美しくないことはしない

●マナー違反は恥ずかしい

電車やバスなど公共の交通機関のなかで、イヤホンで音楽を聴いている人はたくさんいます。自分の世界にひたっているのはいいのですが、大音量でこちらにまで音が漏れてくるのは迷惑千万。聴きたくもない音楽を無理やり聴かされるのですから、耳障りなことこのうえなしです。

それにしても、最近の交通機関は珍風景の展示場でもあるかのような様相を呈しています。音楽漏れのほかにも、騒いでいる子どもを叱らない親、座席を荷物で占領している人、はては化粧をしたり、ものを食べている人までいる。

こんな禅語があります。

「威儀即仏法　作法是宗旨（いぎそくぶっぽう　さほうこれしゅうし）」

威儀は〝威儀を正す〟の威儀ですが、行住坐臥《ぎょうじゅうざが》の四つの威儀のすべてに、また、ふつうの作法（所作）に、仏法も宗旨もあるのだ、という意味です。かみ砕いていえば、**立ち居ふるまい、所作を整えることは、坐禅にも匹敵する禅の修行である**、ということになるでしょう。

なぜ、立ち居ふるまい、所作を整えることが修行になるのでしょうか。それは、心がそこにあらわれているからです。つまり、**粗雑な立ち居ふるまいには粗雑な心が、乱れた所作には乱れた心が映し出されている**のです。

禅の修行は、いうまでもなく、心を正しく整えるためのもの。立ち居ふるまい、所作を整えることがまさしくそれに当たります。

では、整った立ち居ふるまい、整った所作とはどんなものをいうのでしょうか。わたしはその基準が〝美しさ〟にある、と思っています。整った立ち居ふるまいや所作は、例外なく美しいのです。

ですから、**美しくないことはしない**。それが、立ち居ふるまい、所作を整えるコツといえます。そこから先にあげたふるまいを見れば、音楽漏れ、叱らない親、座席の占領は、人に迷惑をおよぼしているわけですから、美しいはずがありません。美しく迷惑をかけるなんて芸当は、できるわけもないのです。

化粧や飲食はどうでしょう。している人は、

「自分の座席でしているのだから、人に迷惑なんてかけていない。だったら、何をしようと勝手でしょ」

そういいはるかもしれません。しかし、それが美しいでしょうか。みなさんの周囲に「素敵だな」と憧れる女性がいないでしょうか。仕事はできるし、ファッションセンスもよく、颯爽としている。たとえば、その女性が交通機関のなかで、やおらバッグから鏡を引っぱり出して、お化粧を始めたら、紙袋からハンバーガーを取り出してパクついたら、憧れの気持ちは一気

に失せてしまうと思いませんか？

美しくないからです。そこに映し出されているのは、人前で化粧をしたり、ものを食べたりすることを、恥ずかしいとは思わない心です。

どうか、**美しいということをふるまいや所作の基本**にしてください。両手が荷物で塞がっているとき、足でドアを閉めたり、食器をガチャガチャ音を立てて洗ったり、食べものを残したり、食べ散らかしたり……。美しくあらためるべきふるまいも所作もたくさんありそうです。

孤独はいいけど、孤立はダメ

●心と向き合う〝孤独の時間〟を持つ

人間関係の悩みとして、意外に多くの人が口にするのが「孤独である」ということです。独りぽっちというニュアンスが強いため、真っ先に寂しさということに思いが向かうからでしょう。

しかし、**禅僧はじつは孤独を好みます**。禅僧のいちばん理想とする生き方は、いわゆる隠遁《いんとん》生活なのです。自然のなかに小さな庵を結び、小鳥の声や川のせせらぎを聞き、光や風を感じる。一人坐禅をし、本をひもとき、田畑で鍬、鋤をふるう。そんな暮らしがもっとも充実感のある究極の禅的生活です。

「独坐大雄峰（どくざだいゆうほう）」

この禅語はある僧の問いに答えて、百丈懐海《ひゃくじょうえかい》禅師がいったとされるものです。

「如何なるか是奇特のこと」

この世の中でいちばんありがたいことは何ですか？　これが僧の問いです。そのときの百丈禅師の答えがこの禅語だったわけですが、意味は、わたしが今ここに生きていて、雄大なこの山（お寺）のなかで、こうして一人坐っているのがいちばんありがたい、ということです。

自然と一体になって孤独を楽しみ、そこに喜びを見出し、孤独であることに感謝する、という禅師の心の内がはっきりと見てとれます。**孤独はけっして寂しさに打ちひしがれるものなどではなく、むしろ、心を清々しく、また、豊かにしてくれるもの**だという気がしてきませんか？

良寛さんも孤独を愛した禅僧でした。山中の五合庵《ごごうあん》という庵に暮らし、簡素のなかに生き、一人静かな時間をとても大切にしていたのです。しかし、周囲との接触を拒絶したわけではありません。

子どもたちがやってくれば、一緒に手鞠《てまり》をつき、せがまれれば鬼ごっこの鬼にもなる。どこまでも懐の深い自然体です。そこが孤立とは違います。周囲との接触を拒み、周囲からも相手にされないのが孤立でしょう。これはダメです。はっきり言って、寂しい生き方だと思うからです。

孤独は怖れるものではありません。**常に大勢の人とかかわっている現代人は、むしろ、積極的に孤独を求めるべきだ、とわたしは思っています。**禅の修行中には「夜坐《やざ》」といって、眠る前に坐禅を組みます。一人静かに坐っている時間は孤独そのもの。それが、心を穏やかにもしてくれるのです。

みなさんも坐禅をすれば申し分なしですが、それができなくても、孤独になる方法は見つけられます。たとえば、禅寺の枯山水の庭の前に座って、しばらく静かな時間を過ごす。苔むした石や白砂を見つめていると、心からしがらみやわだかまりなど、余計なものが溶け出していって、スーッと気持ちが落ち着いてくるのを感じることができるでしょう。

それも、自分の心とだけ向き合う孤独な時間です。あるいは、沈みゆく夕日や月を眺めたりするひとときを持つのもいい。これなら、都会のマンションに暮らしていてもできます。ぜひ、それぞれが工夫をして、孤独になる時間を生活に取り入れてみてください。生活がにわかに、潤ったものになります。

信頼できる人は一人いればいい

●約束を守ることと、嘘をつかないこと

人と人との結びつきの根底にあるのは信頼でしょう。信頼を寄せられない相手とは、心が通った関係は築けません。その信頼の土台となるのが、約束を守ること、嘘をつかないことでしょう。このどちらにも共通しているのは、繰り返していると癖になるということです。約束を守らなければいけないということは誰もがわかっています。しかし、それを貫くのがむずかしいことも、誰もが実感しているのではないでしょうか。ナポレオンに次のような言葉があります。

「約束を守る最上の方法は、けっして約束しないことだ」

ときの皇帝は約束について〝深い見識〟を持っていたということでしょう

か。

それはともかく、**約束を破ると最初は心が痛みますが、それがたび重なっていくと、しだいに感受性が鈍くなってきます。**

「気の置けない相手との約束だから、たいして重要な約束じゃないから、まあ、いいか」

ということになるのです。嘘も絡みがちです。約束を破った言い訳に嘘をつくことがある。すると、今度はその嘘の辻褄《つじつま》を合わせるために、新たな嘘をつかなければいけなくなるのです。

約束を破られた。嘘をつかれた。何度かそんなことが続いたら、その相手とは信頼に基づく人間関係は築けないと考えるべきでしょう。少し乱暴に聞こえるかもしれませんが、**揺るぎない信頼で結ばれる人はたくさんはいらない、一人いればいい**、とわたしは思っています。

「把手共行（はしゅきょうこう）」

この禅語は、自分の心のなかの仏様（本来の自己）と出会い、その仏様と手を携えて生きていきなさい、という意味です。それが仏教的な生き方の基本ですが、できれば、**とことん信頼できる友を一人つくって、一緒に歩いていくのがいい。**それが、さらに人生を豊かなものにしてくれることは、いうまでもないでしょう。

「果実の熟するごとく、機熟して相会うところに、真の友情あり」

明治の作家、国木田独歩《くにきだどっぽ》の言葉ですが、今そんな友がいなくても焦ることはありません。人生は長い。機が熟するのを待てばいいのです。

デートのときくらい、スマホを「オフ」に

●時間より「密度」を大事にする

今の若い世代は〝つながり〟を非常に大切にしているかに見えます。スマートフォンや携帯電話を、それこそ、片時も手から放さず、始終、誰かとつながっている。携帯電話がなかった頃と比べれば、つながっている時間は数倍、いや、一〇倍、あるいはそれ以上かもしれません。

しかし、その中身は、挨拶、連絡の類いだったり、他愛のない言葉のやり取りだったり、というものが大半を占めているのではないでしょうか。恋人同士の間でも、「今、電車に乗ったよ」「ただいま、自宅到着」といった〝会話〟が頻繁に交わされているようです。相手の行動が気になって仕方がない、という健気な気持ちは微笑ましく思わなくもないのですが、つながりの

希薄さはちょっと気になるところです。

中国唐代を生きた趙州従諗《じょうしゅうじょうしん》禅師の言葉があります。

「汝は一二時に使われ、老僧は一二時を使い得たり」

一二時というのは現在の二四時間のこと。意味は、おまえさんは一日中時間に使われているが、わたしは時間を使いこなしているのだ、ということです。**〝時間に使われる〟のと〝時間を使う〟。この両者の差は密度の違い**ということかもしれません。

密度というのは、その時間をどのくらい充実して過ごしたか、ということです。いくら時間が長くても充実感がなければ密度は低い。逆に時間が短くてもそれが充実したものであれば密度は高い。そんな言い方ができると思います。

長時間ＬＩＮＥ（ライン）のやり取りをしていても、相手が目の前にいるわけでもなく、表情や声のトーンを感じることもできません。それが充実した時間といえるかどうか。わたしはおおいに疑問符をつけざるを得ません。趙州禅師に倣えば、時間に使われている姿でしょう。

一方、たとえ時間は短くても、恋人なら恋人と、食事を楽しみ、いろいろな会話をして、おたがいの理解を深め合うということならどうでしょう。その時間は充実したものにならないでしょうか。

その一時間、二時間のことがいつまでも心に残り、折りにふれて思い出される。そのときの相手の笑顔や印象的だった言葉、仕草や笑い声といった細部まで甦ってきて、そのとき共有した時間の楽しさがそのまま胸に広がる。そうであったら、まぎれもなくその時間は充実感でいっぱいのものだったはずです。こちらは時間を使い得ている姿でしょう。「この前LINEで話したじゃない?」「そうだったたっけ? 覚えてないなぁ」というのとは雲泥の差です。

最近はデートらしき時間を過ごしている二人が、おたがいにスマホに見入り、会話もほとんど交わさない、ということさえあると聞きます。そこで、一つ提案です。**せめてデートのときくらい、二人ともスマホを「オフ」にしたらどうでしょう。**

スマホ抜きなら、嫌でも、おたがいが顔を見合わせて、会話をするようになりますし、一緒にいることの楽しさを体感することにもなる。それは、LINEでのつながりとはひと味も、ふた味も違う密度の高い時間の過ごし方になるはずです。

そんなところから、〝二二時を使い得る〟ことに向けてのスタートを切る。どうですか、トライしてみませんか？

決まり文句では、心に響かない

●相手の気持ちを考えて、〝愛語〟を選ぶ

コミュニケーションのもっとも基本的なツールは言葉です。しかし、今、言葉はぞんざいに扱われているような気がしてなりません。言葉は諸刃の剣です。人を励ましたり、慰めたり、癒やしたりする反面、悲しませたり、深く傷つけたり、貶《おとし》めたりもします。

それだけに、慎重に扱う必要があるのです。

禅は「愛語」で語りなさいと教えます。相手を慈しみ、思いやった、やさしい言葉が愛語です。愛語について道元禅師はこんな言葉を残しています。

「愛語よく廻天の力あることを学すべきなり」

愛語には天をひっくり返すほどの力があることを知りなさい、というのが

この言葉の意味です。じつにパワフル。愛語を心がけることで、コミュニケーションの深みも、広がりも増すことになるのです。

「人を見て法を説け」

という言葉があります。

お釈迦様の説法作法が由来になっている言葉です。お釈迦様は、教えを説かれる際、そのときの状況、相手の性格、気性などをよく考え、それぞれにあった方法をもちいられました。それが、人を見て法を説けということです。

愛語にも同じことがいえると思います。つまり、愛語には「これぞ、愛語だ」というものはないのです。**語りかける相手、相手が置かれた状況、そのときの相手の心情といったものを、よく汲みとったうえで言葉を選ぶ必要がある。**

たとえば、仕事で大きな失敗をして落ち込んでいる友人がいるとします。何とか励ましたいと考えたとき、どんな言葉をかけますか？

「失敗は誰にでもあること。気にするな。前を向いて頑張れ」

励ましの言葉としては過不足ないものかもしれません。しかし、あまりに定型に過ぎるという気がします。相手は気にしないではいられないから、落ち込んでいるわけですし、前を向くことも、頑張ることも、したくたってできないから、悩んでもいるのではないでしょうか。

こんな言葉をかけられた相手はこう思うかもしれません。

「そんなことはみんなわかっている。できるんだったら、いわれる前にしてるよ」

これでは愛語とはいえません。しかし、こんな言い方だったらどうでしょう。

「落ち込むときはとことん落ち込んだらいいんだ。もう、これ以上落ち込めないというところまでいったら、気持ちも切り替わるさ。時間がかかったっていいじゃないか」

落ち込んでいる相手に、〝落ち込む〟ことを奨めているのですから、愛語とはほど遠い表現に思えます。

しかし、先の表現とどちらがこのときの相手の心にしみるでしょうか。気持ちが幾分かはラクになって、じっくり心を立て直そうという思いが湧いてくるのは、断然、こちらの表現だと思うのです。ならば、これが愛語です。

言葉を選ぶポイントは、それを受けとった相手が、どんな気持ちになるかを、よく考えることです。

言葉が思い浮かんでも、すぐには口にせず、相手の気持ちを思いながら、一度自分のなかで咀嚼する。この作業を忘れないでいてください。

「綸言《りんげん》汗の如し」

という中国史上の格言があります。一度、口にした言葉は、出た汗が身体に戻ることがないように、言い直すことも、取り消すこともできない、ということです。言葉はていねいに、慎重に扱いましょう。

第6章

「今・ここ」に、心を、集中する

「ざわめく心」を静める練習

余計なことを考えるから、クヨクヨする

●いつも「三昧の心」で取り組む

始終、小さなことでクヨクヨと思い悩んでいる人がいます。わたしはこんな言葉を思い出します。

「今日のジャムを煮詰めて、明日のジャムのことを心配する。今日のジャムをたっぷり塗ろうとしないで……」

米国の実業家デール・カーネギーのいったものですが、クヨクヨ派はそんな生き方をしているのではないか、と思うのです。わたし流の解釈ですが、今日のジャムをたっぷり塗るとは、そのとき目の前にあることをしっかりやる、ということでしょう。それをやらないから、**時間をもてあまして、余計なことを考え、クヨクヨすることになる。**一刻、一刻を精いっぱい生きてい

る人はクヨクヨする暇などありません。

禅語にはこんなものもあります。

「三昧（ざんまい）」

みなさんも聞いたことがあるのではないでしょうか。仕事三昧、ゴルフ三昧、読書三昧……といった使い方をされて、もはや日常語にもなっていますが、もともとこれは仏教の言葉なのです。意味は、一つのことに脇目もふらず集中すること、雑念を捨て去って、今、取り組んでいることにすべてを投入することです。

いつも三昧の心でものごとにあたる。それが、時間をもてあまさない、つまりは、クヨクヨしない秘訣です。しかし、これが存外にむずかしいのです。たとえば、翌日に重要な仕事が控えていたりすると、気分転換に飲みにいっても、そのことが気になって、気になって、仕方がなくなる。

「うまく切り抜けられるだろうか？　ミスったらやっとめぐってきた大きな

仕事を失うことになる」

といった塩梅です。飲むことに徹していない、三昧を忘れているのです。しかし、飲みながらいくらクヨクヨ考えたって、翌日の仕事にとって何の助けにもなりません。気分転換もできませんから、クヨクヨを抱えたまま、大仕事に臨まなければいけないということになるのです。いい結果は望むべくもないでしょう。

三昧のいちばん邪魔をするのが分別です。飲むことより、仕事のほうが大切、という分別が働くから、飲むことに徹することができなくなる。**飲むときは飲むことが絶対、仕事をするときは仕事をすることが絶対なのです。ですから、それをただ、一所懸命にやればいい。きわめてシンプルなことです。**

さあ、分別から離れてください。目の前にあることが、そのときどきの〝絶対〟なのです。それにいつも三昧の心で取り組んでいれば、クヨクヨしている暇なんかありません。ずっと、心軽く、スッキリと生きられます。

心が曇れば目も曇る

●固定観念でものを見ない

禅では、わたしたちは、本来、清らかで汚れのない心を持っていると考えます。それをあらわす禅語がこれ。

「清寥寥　白的的（せいりょうりょう　はくてきてき）」

心が静かに澄みきっていて、どこにもこだわりがない、ということです。しかし、生きている間に人はさまざまなものを纏《まと》います。お金やもの、地位や名誉などへの執着、あれがしたい、これもしたい、という妄想……。それらが心を曇らせるのです。心に塵や埃を積もらせる、といってもいいでしょう。

心が曇れば、目も曇ってきます。固定観念や先入観でものを見るようにな

る。たとえば、こんな言葉を口にしたことはありませんか？

「もう三月も末だというのに、ちっとも春の気配がしやしない。今年はなんだかおかしいわね」

ごくふつうの言葉に聞こえるかもしれませんが、じつは頑固な固定観念が隠れています。「三月末になったら春でなければいけない」というのがそれです。春はカレンダーにしたがってめぐってくるわけではありません。三月末になったら、というのは明らかに固定観念でしょう。

空気がぬくもりを帯びて、風があたたかくなり、木々の蕾もふくらむ。それぞれが時期を察知して自然にそうしているのです。それらが相まって現出したときに、わたしたちは春を感じるのです。

それをそのまま受けとっていればいいのに、「いついつになったから、春じゃなきゃおかしい」「春はこうあるべきだ」と固定観念にとらわれて、人はものごとを見たり、判断したりしがちです。

仕事の場面でも、「上司（部下）はこうでなければいけない」ということがあるでしょうし、プライベートでも、「父親（母親、子ども）はこうあるべきだ」ということがありそうです。恋人同士の間にも「彼（彼女）なのだから、こうしてくれて当然じゃない」という思いがあるかもしれません。

そうした**固定観念、それへのこだわりは、生きるのを窮屈にします。**ここは、元を断つのがいちばん。心の曇りを拭き取って、綺麗にするのです。**曇りを拭い、こだわりのない心を取り戻すいちばんの方法は、自然と触れ合うこと、**とわたしは思っています。自然はどこにも巧《たく》むところがありません。微塵もはからい心がないのです。

空に浮かぶ雲は、風の吹くのにまかせて、かたちを変え、さまざまなところへ流れていきます。かたちにも行く先にも何のこだわりもないその在り様は無心そのもの。禅語にも「雲無心《くもむしん》」というものがあるくらいです。

ときの移ろいのなかで色を変える木々の葉も、色を選ぶでもなく、その濃淡にもこだわることはありません。大地に落ちる時期もまかせきっている。

そんな自然と触れ合っていると、硬くなった心が和らぎ、こだわりが一枚ずつ剥がれていきます。雲をぼんやりと眺めているのもいいですし、色づいた葉にこもった秋の気配を感じるのもいいでしょう。

現代人、とりわけ都会で暮らす人は、自然と触れ合う機会が減っています。ぜひ、そんな時間を持ってください。

悪口は好きなだけ言わせておけ

●何をいわれても、自然体でいる

みなさんは、周囲の人が自分をどう思っているかが気になりますか？　たとえば、こんな状況ではどうでしょう。オフィスの隅で何人かが話をしている。なんだか、自分はその輪のなかには入れない雰囲気。さて、どんな思いになるでしょうか。

「きっと、自分の悪口をいっているんだわ。そうだ、そうに違いない」

欠席裁判という言葉もありますが、自分が加わっていないところで何やら会話が交わされていると、深読みしてしまう傾向が人にはあるようです。しかも、いったんそう思い込むと〝疑惑〟は深まるばかりとなる。常に自分が悪口、陰口の標的になっているという気がしてくるのです。

その思いが高じると、しだいに周囲との接触を避けるようになり、ついには孤立してしまうということにもなりかねません。

しかし、**自分が思っているほど、他人は自分に注意を向けていないもの**です。実際、髪型を替えたのに、彼はぜんぜんそれに気づいてくれない、ということがよくあるというではありませんか。恋人でもそうなのですから、会社の同僚ならなおさら。悪口、陰口の標的になるほど、周囲の注目を一身に集めるというケースは、そうザラにはないと思います。

かりに、悪口、陰口をいわれていても、重く考える必要はありません。人の噂も七五日という諺もあるように、その賞味期限は短いのです。それでなくても新しい情報が次から次にばらまかれ、話題には事欠かないのがこの時代です。いったほうも、いったそばから忘れる。その程度に受けとめていたらいいのではないでしょうか。

大切なのは日頃のふるまいです。キーワードはこの禅語。

「随所快活（ずいしょかいかつ）」

どんなところにいても、自分らしさを失わず、自然体で生きる、ということです。**悪口、陰口を気にして、いじけたり、おずおずとした態度になったり、あるいは、いっている人におもねったりするから、相手は頭にくるのです。**

いつも変わらない態度でいたら、相手は攻めどころを失います。随所快活は、悪口、陰口の類いを殲滅《せんめつ》する極意といってもいいでしょう。悪口をいった相手と、朝、顔を合わせたとき、

「おはよう。今日もよく晴れていて気持ちがいい日ね」

とでも声をかけたら、相手はグウの音も出ません。格の違いを見せつけられた思いで、自分のしてしまった〝はしたない行為〟を恥じることになります。**あくまで自然体でふるまう。**このことを肝に銘じましょう。

お子さんがいる人はママ友の標的になっていると感じることがあるかもし

れません。便利な世の中になって、家事が格段にラクになり、自由にできる時間が増えたことで、群れてあれこれしゃべる母親たちが増えました。現代版井戸端会議ですが、そこで、悪口、陰口が飛び交うこともあるでしょう。

しかし、彼女たちはせっかく自由に使える時間を、自分のために有意義に使うことができないから、お茶をしたり、ぺちゃくちゃやったりしているのです。そこからは距離をおいて、自分は趣味でもボランティア活動でも、自分を生かすことに時間を使ったらいいのです。

もちろん、ここでも、顔を合わせたときは随所快活！　です。

部屋が乱れているから、心も乱れる

●使ったら、必ず元の場所に戻す

独り暮らしをしている男性の部屋と聞いて、真っ先にイメージされるのは散らかっているということではないでしょうか。もっとも、最近は片づけ上手なのは、むしろ、男性のほうという話もありますから、一概にはいえないのかもしれません。

いずれにしても、知っておいていただきたいことが一つあります。部屋が散らかっているのは、ただ単に暮らしにくいということだけではない、というのがそれです。曹洞宗大本山永平寺の貫首《かんしゅ》をつとめておられた宮崎奕保《みやざきえきほ》禅師にこんな言葉があります。

「スリッパを脱ぐのも禅の姿や。スリッパをそろえるのが当たり前のこっちゃ。たとえば、スリッパがいがんでおったら、ほうっておけないんだ。スリッパがいがんでおるということは、自分がいがんでおるんだ。自分がいがんでおるから、いがんだやつがなおせないんだよ。だから、ものを置いても、ちぐはぐに置くのと、まっすぐに置くのと、すべて心があらわれておるんだから、心がまっすぐであったら、すべてのものをまっすぐにする必要がある」

引用が長くなりましたが、多くを説明する必要はないでしょう。**部屋が散らかっているということは、心が散らかっていることなのです**。そこまで禅師に喝破されたら、片づけに着手するほかはない。そうではありませんか。

部屋を綺麗にするポイントは、その都度片づけること以外にありません。一念発起して大掃除に取り組んでも、このポイントを押さえないと、あっという間に元の木阿弥《もくあみ》になります。

雑誌を読み終わったら、すぐマガジンラックに入れる。CDを聴き終えたら、専用ラックに返す。コーヒーを飲んだら、カップ＆ソーサーはその場で洗って、食器棚にしまう……。一事が万事です。

もう、気づかれたと思いますが、その都度片づけるというのは、使ったらそれが元あった場所に戻すということなのです。これを励行していれば、一気に片づける必要などなくなります。部屋はいつも綺麗に保たれるのです。

ちなみに、デスクまわりも同じです。ホッチキスを使ったら、元あった場所に戻す。はさみやクリップなど一切合切について、このルールを適用するのです。それで、いつも片づいたデスクで気持ちよく仕事をすることができます。

部屋が片づいていると、心が確実に変わります。宮崎禅師のおっしゃるごとく、**スッキリしていれば、心もスッキリしますし、ものがあるべきところにきちんとあると、心も安定して落ち着くのです。**

朝、起きたとき、雑誌やＣＤがほうぼうに散らかり放題になっているのと、おさまるべきところにおさまっているのとでは、気分がまったく違うでしょう。前者は憂うつ、後者は爽快ではありませんか。一日を憂うつな気分で始めるのと、爽快感いっぱいの気分で始めるのとでは、その日の過ごし方にも大きな差が生まれます。

恋人が部屋にくることになって、慌てて鉢巻きに腕まくりをして、片づけに取り組んでいたみなさん、早速、宗旨替えをしてください。

「(部屋にくるのは) いつでもどうぞ!」

その心がまえでいきましょう。

食習慣の乱れは、心の乱れにつながる

●一食一食を大事に食べる

日本の飽食時代は相変わらず続いています。男女を問わず、ほとんどの人が四〇代以降になると、生活習慣病が気になり始めるのではないでしょうか。その大きな原因が食習慣です。

食事時間が不規則になったり、暴飲暴食に走ったり……。そのなかにはストレスからのやけ食いというのもありそうです。食事は命の源ですから、それが乱れれば、当然、身体にも影響が出てきます。こんな禅語があります。

「身心一如（しんじんいちにょ）」

道元禅師の言葉とされるものですが、身体と心は一体であり、分けて考えることはできないという意味です。ですから、食事の乱れから身体に支障をきたせば、それは心にもおよぶことになるのです。

道元禅師は、とりわけ食事を重んじられ、『典座教訓《てんぞきょうくん》』『赴粥飯法《ふしゅくはんぽう》』といった、食事に関する書物も著《あらわ》しておられます。**食事に無頓着であっては、心を正すこともできません。**

前にもお話ししましたが、禅の修行中の食事は精進料理で、しかも、量が少ないのです。腹八分という言葉がありますが、到底、そこまで豪勢というわけにはいきません。腹三〜四分といったところでしょうか。

しかし、修行を続けるうちに身体がそれに慣れてきます。ひもじさもそれほど感じなくなります。同時に、肌つやがよくなり、頭も冴えてくるのです。食事をしたあとは、消化器官を働かせるために、そこにたくさんの血液が流れ込みます。その結果、脳に送られる血液の量が少なくなり、脳の働きは鈍くなるのです。食後眠気を催すのはそのためです。

しかし、食事の量が少ないと、消化器官の負担も小さく、必要な血液も少量ですみますので、脳にもたっぷり血液が送られて、十分に働いてくれるのです。頭が冴えてくるのはそのためだと思います。

食事は控えめを心がけましょう。さらに大事なことは感謝を持ち、十分に味わって食べることです。修行中には食事の前に、必ず、「五観の偈《げ》」という文言を唱えます。その最初にあるのが次の文言。

「一つには功《こう》の多少《たしょう》を計《はか》り、彼《か》の来処《らいしょ》を量《はか》る」

この食事は、米一粒、菜の一片にも、大勢の人のおかげがあって、今、自分の目の前にあるのだ。そのことを思い、感謝していただきましょう、ということです。禅では一粒の米も、一〇〇人の人の手を経て、はじめて自分の口に入ると考えます。実際、農家の人、流通業者、小売業者……など、たくさんの人の手がかからなければ、一粒の米も口にすることができないでしょう。

そのことを心の隅にとめておくと、食事を疎かにすることはできなくなりませんか？　感謝の気持ちを持って、ゆっくり味わって食べれば、暴食、やけ食いといったことは起こりません。ましてや、食べ残すことなどあるはずもない。一食、一食の食事が自然に整い、よい食習慣がついていきます。

併せて、身体を動かす習慣もつけたいもの。何もジムに通ったり、毎日、ジョギングをしたりしなくても、身体を動かす機会を増やすことはできます。バスや電車の一駅を歩く、駅ではエスカレーターを使わない、会社のエレベーターに乗らない……。

食事と運動の習慣を取り入れて、身体が引き締まってくれば、心も強く、しなやかになるはずです。

意地をはるから、トラブルになる

●自分より相手のことを慮《おもんぱか》る〝江戸しぐさ〟

携帯電話、スマートフォンの普及で街の風景が変化しています。それらの画面を見ながら道行く人が急増しているのです。電車やバスのなかはいうにおよばずでしょう。みなさんのなかにも、スマホに見入り、前方不注意で歩いてきた人と危うくぶつかりそうになった、という経験がある人がいるかもしれません。

ながら歩きは公共マナーに外れることはもちろんですが、もっと問題なのは事故の原因にもなるということです。高齢者にぶつかったりすれば、ケガを負わせることにもなりかねませんし、そうでない場合でもトラブルの原因となる危惧があります。

混んだ電車のなかでさえ、肩と肩が触れ合っただけで、気色《けしき》ばむ人がいるのです。街中で衝突すれば、一触即発の事態となっても何の不思議もありません。

「痛いじゃないか。どこ向いて歩いてるんだ！」

「こっちは仕事の電話をしてたんだよ。そっちがよけたらいいだろう！」

そうした言葉のやり取りから、揉めごとになるケースは少なくないのではないかと想像します。

ところで、みなさんは**「江戸しぐさ」**という言葉をご存じですか？　江戸時代の庶民のふるまい方のことですが、そのなかに「肩引き」というものがあります。街を歩いていて人とすれ違うときに、さりげなく肩を引いて、おたがいに衝突を避けるのが、この肩引きです。

気が短くて喧嘩っ早いとされた江戸っ子には、こうした相手を思いやる粋《いき》なふるまいが身についていたのです。これも取り戻したい美しいニッポンの一つではないか、とわたしは思っています。

しかし、残念ながら、現代人には江戸しぐさの心得がありません。トラブルを避ける方法を何か講じる必要がありそうです。

こちらはちゃんと前を向いて歩いていたのに、スマホに見入っていた相手がぶつかってきた。こちらに非はないわけですから、自分中心に考えたら、「謝るのは相手だろう」ということになります。

しかし、**あえてここで相手を慮《おもんぱか》る**のです。

「大丈夫ですか？　おケガはありませんか？」

このひと言がマジックワードです。相手にも自分に非があることはわかっています。それなのに先に気遣いをみせてくれたとなったら、いくらなんでもいきり立つわけにはいきません。

「いえ、いえ、わたしのほうこそ注意を怠っていました。申し訳ありません。そちらは大丈夫でしたか？」

通常はこういう展開になります。一触即発の事態が回避できるばかりか、双方ともなんだか心地よい気分にならないでしょうか。**人が示してくれる気遣いは、けっこう、心にしみ入るのです。**売り言葉に買い言葉とは天と地の差です。

じつはこの絶妙の対応も江戸しぐさの一つなのです。「うかつあやまり」。たとえば、相手に自分の足を踏まれたといったときも、「すみません。うかつでした」と先に謝ってしまうというふるまいです。

江戸っ子はすごい。その庶民の知恵をみなさんから実践していきませんか？

どんな失敗からでも学べる

●「それも経験」と前向きに考える

「名物にうまいものなし」。よく知られた諺《ことわざ》ですが、似たものにこんなものもあります。「名物は聞くに名高し、食うに味なし」。もちろん、名物の名にふさわしい美味もたくさんあります。しかし、食して思わずこれらの諺が脳裏を掠《かす》める、評判だおれの名物もあることは確かです。

旅行や出張で地方に行ったとき、最大の楽しみは食でしょう。しかし、期待して入った食事処で出てきた料理にがっかり、という経験を持っている人が、少なからずいるようです。しかも、値段は〝立派〟。文句の一つもいいたくなる状況でしょう。

食事処の裏事情に通じているわけではありませんから、あくまで想像ですが、お客さんの回転率と料理の満足度には、どこか相関関係があるような気がします。

お客さんが次から次に入るような店は、仕入れた食材もどんどんはけます。つまり、鮮度のいいうちに調理されるため、味もいいわけです。ごはんにしても、炊いてから時間が経たないうちに出されますから、ふっくらとしておいしい。

一方、閑《かん》古《こ》鳥《どり》が鳴いているような店は、食材の鮮度が落ちてから調理をすることになりがちでしょうし、ごはんも炊いてから相当時間が経ったものが出てくることにもなります。これでは、誰でも「なぁに、このごはん、カピカピ！」と舌鼓ならぬ、舌打ちをしたくもなる。

しかし、**店を選んだのは自分ですから、文句をいうのは大人げない。**ここは、禅語に学びましょう。

「八風吹不動（はっぷうふけどもどうぜず）」

生きているうちにはよい風が吹くこともあれば、悪い風にさらされることもある。どんな風が吹いても、それを楽しんでしまえばいい、という意味です。外れの食事処に入ってしまったのは、悪い風、いや、不味《まず》い風に吹かれたということでしょう。

しかし、**それも自分にしかできなかったかけがえのない経験**です。それを生かす発想をすればいいのです。

「それにしても、昼間に食べた〝名物〟のおそばはいただけない味だったなぁ。でも、あれがあったからこそ、泊まった旅館の夕食がとびきりおいしく感じられたのかもしれないわ。おそばにも功ありね」

まあ、そんなふうに考えたら、気分も晴れるのではないでしょうか。空腹は最高の調味料という言葉がありますが、舌打ち料理にもそれに匹敵する調味料としての資格があると思えば、〝功あり〟とするのも、あながち的外れとはいえません。

その後は店の選択に基準を設けることです。お客さんがまばらなところ、人が寄りつかないようなところは、断固、避ける。外から見える店の造りなら、入る前に、必ず、目視する。内部が見えないようであれば、一度、扉を開けて覗き、すばやく確認する。この二点を基準にすれば、外れる確率は大幅に低くなります。

どんな失敗にも、学ぶべきところはあるのです。

目標のある人生はおもしろい

●好きで打ち込めることを見つける

高齢化社会が加速するなかで、大きな問題として浮上しているのが、定年後をどう生きるかということでしょう。長年、生活の大半の時間を割いてきた仕事から退いて、やっと自由な時間が持てるわけですから、十分な解放感もあり、何ごとかに取り組む意欲もみなぎっていると思うのですが、待ちかまえているのはまったく違う現実のようです。

やるべきことを失った虚脱感に襲われ、気力も萎え、何も手につかずに、なすこともなく日々を過ごす。そんな定年組が多いと聞きます。配偶者からも疎まれ、一緒にいる時間が増えたことが、かえって仇となって、関係がギクシャクし、熟年離婚となるケースが少なくないことは、メディアが報じているところでもあります。

定年後の暮らしとしてわたしが提案したいのは、何かをつくる習慣をもつということです。知人から聞いた話ですが、こんな人がいるそうです。

もともと畑仕事に興味があったので、定年後、自宅から少し離れたところに畑を借りたのです。毎日、クルマでそこに通い、畑仕事に精を出す生活が始まりました。オフィスにこもっていた現役時代とはうって変わって、自然のなかで汗を流す作業は新鮮でもあったでしょう。

「日々新又日新（ひびあらたにしてまたひあらたなり）」

という言葉があります。毎日が新しい一日であるように、自分もまた、新しい心でその一日を生きていく、というほどの意味です。農作物は毎日成長していきますから、常に新しい姿を見せてくれます。「おっ、芽が出てきた」「こんなに伸びた」……。それに接していると、心もリフレッシュされるのです。

まさに、この言葉のように、この人が現役時代にも増して、いきいきと毎日を送っていることがうかがわれます。

当初は自給できる程度の野菜をつくることを考えていたようですが、しだいに農作業自体がおもしろくなってきた。借りている畑をさらに広げるようになって、収穫量も増えていったのです。当然、家族では消費できなくなります。

そこで、考えたのが自宅近くの商店街と交渉して、店舗に置かせて貰い、販売するという〝ビジネス〟。今はその収入も少ないながら安定しているといいます。

自分の好きなことをやって、それが人の役にも立ち、収入にもつながる。

定年後の生活としては理想的ではないでしょうか。その意味からすると、定年後の生活を考えるうえで、「自分が好きなものは何か」をはっきりさせることが、まず、先決だといえるかもしれません。

現在、熱中している趣味があれば、それが候補になるでしょうし、とりたてて趣味がない人でも、子ども時代を振り返ってみると、必ず、好きだったことが思い出されるはずです。

図工の粘土細工が好きだったということなら陶芸を始めるのも手ですし、絵を描くのが好きだったら絵手紙に取り組むのもいいでしょう。写真でも、花づくりでも、盆栽でも、手芸でも、何でもいいのです。

そして、できあがった作品を親しい人に差し上げる。人に喜んでいただけることは、自分の喜びにもつながります。**喜びのある人生は幸せな人生です**。収入については、結びつけばいいですし、つかなくてもいい、というくらいに考えたらどうでしょう。

つらい感情を抑えない

●哀しいときは思いっきり泣く

人生に哀しみと向き合わなければならないときは何度となく訪れます。肉親や親しい人との永久の別れは、その代表的なものでしょうし、人間関係の躓《つまず》き、恋愛の破綻といったことも、人を哀しみの底に沈ませます。

大事なことは、その哀しみをごまかしたりせずに正面から引き受けることです。涙がこみ上げてきたら、こらえる必要なんてありません。思いっきり泣けばいい。涙を流せばいいのです。

「任運自在（にんぬんじざい）」

この禅語は、思慮分別をせずに、あるがままに受け入れる、という意味です。葬儀の席で、「喪主だから気丈にしていなければいけない」と自分に言い聞かせるのは、思慮分別をしているということでしょう。もっといえば、周囲からどう見られるかを意識して、体面を気にしているだけなのです。

そこに、心に正直な自分がいますか?

恋人にフラれて、つとめて明るくふるまうのも思慮分別です。**つらければ、哀しければ、その心のままにふるまったらいい**のです。禅はそのことと一つになりなさい、と教えています。哀しみと一つになるとは、涙を流しきることです。

そこから、哀しみとどう向き合っていくかを考える。それが肉親の死であれば、生前の思い出がたくさんあるはずです。心に残っている言葉や自分に向けてくれた愛情にあふれる表情、何かを感じさせてくれた無言の背中、そっと差し出してくれた手のぬくもり……。

そうしたものを一つひとつ取り出して、あらためてその意味に思いを馳《は》せてみるのです。すると、そのときには気づかなかったことに気づいたり、見えなかったものが見えてきたりします。

「あのときの言葉にはこんなに深い意味があったのか」

「母の背中が語っていたのは、ほんとうのやさしさだったんだわ」

それを自分が生きる拠《よ》り所にもしていく。何かあったとき立ち戻る場所にする。心を受け継いでいくとは、きっと、そういうことだと思います。

【著者紹介】

枡野俊明（ますの・しゅんみょう）

曹洞宗徳雄山建功寺住職、庭園デザイナー、多摩美術大学名誉教授。大学卒業後、曹洞宗大本山總持寺で修行。「禅の庭」の創作活動によって、国内外から高い評価を得る。芸術選奨文部大臣新人賞を庭園デザイナーとして初受賞。ドイツ連邦共和国功労勲章功労十字小綬章を受章。2006年『ニューズウィーク』日本版にて、「世界が尊敬する日本人100人」に選出される。庭園デザイナーとしての主な作品に、カナダ大使館、セルリアンタワー東急ホテル庭園など。著書に、『禅が教えてくれる美しい人をつくる「所作」の基本』（幻冬舎）、『禅シンプル生活のすすめ』、『心配事の９割は起こらない』（以上、三笠書房）、『怒らない禅の作法』（河出書房新社）、『心訳般若心経』（サンマーク出版）、『50代を上手に生きる禅の知恵』（PHP研究所）などがある。

装丁デザイン　大前浩之（オオマエデザイン）
本文デザイン・DTP　尾本卓弥（リベラル社）
編集人　安永敏史（リベラル社）
編集　伊藤光恵（リベラル社）
営業　持丸孝（リベラル社）
広報マネジメント　伊藤光恵（リベラル社）
制作・営業コーディネーター　仲野進（リベラル社）

編集部　中村彩・木田秀和
営業部　津村卓・澤順二・津田滋春・廣田修・青木ちはる・竹本健志

※本書は2015年に海竜社より発行された『悩まない練習』を改題し、再構成し文庫化したものです。

こだわらない、気にしない、考え込まない禅の教え
悩みを消す練習

2024年3月25日　初版発行

著　者　枡野俊明
発行者　隅田直樹
発行所　株式会社 リベラル社
〒460-0008　名古屋市中区栄3-7-9　新鏡栄ビル8F
TEL 052-261-9101　FAX 052-261-9134
http://liberalsya.com
発　売　株式会社 星雲社（共同出版社・流通責任出版社）
〒112-0005　東京都文京区水道1-3-30
TEL 03-3868-3275
印刷・製本所　株式会社 シナノパブリッシングプレス

 ISBN978-4-434-33527-3　C0115
落丁・乱丁本は送料弊社負担にてお取り替え致します。

弘兼流

70 歳からの楽しいヨレヨレ人生

著者：弘兼憲史　文庫判／ 192 ページ／¥720 ＋税

人は人、自分は自分。
幸せの尺度は自分で決めるもの

「島耕作」シリーズで 人気の漫画家・弘兼憲史による待望のエッセイ。楽しいことも辛いことも、嬉しいことも悲しいことも適度に混ざっているほうが、人生は面白い。70 歳を迎え、ヨレヨレになっても、現状を受け入れ、楽しく生きるコツを紹介する。

晩年の美学を求めて

著者：曽野綾子　文庫判／360 ページ／¥780 ＋税

晩年を美しく生きるための人生論

晩年とは何歳からなのか？　執筆当時 70 歳半ばだった著者は、晩年の生き方を考え始める。輝かしい晩年のために必要なのは、自立して生きること、積極的に老後を生きること、分相応に暮らすこと、孤独と上手に付き合うこと。豊富な経験に裏打ちされた言葉から、晩年を自分にとって輝くものにするための人生の過ごし方が見えてきます。

持たない暮らし

著者：下重暁子　文庫判／224ページ／¥720＋税

物も心も大切にする“ほんとうの贅沢”のすすめ

歳をとるということは、少しずつ余分な衣を脱ぎ、心を解放することだ。欲望と葛藤することで、自由を勝ち得ていくことだと思う。――「ちょっといいもの」は買わない、「ほんとうにいいもの」を一つ買う。高価なものも日常で使い、生かす。「そろえる」という考え方をやめてみる。など、シンプルな暮らし方、生き方を重ねてきた著者による、“ほんとうの贅沢”のすすめ。